1-2
岁

美国早教创意课程

[美] 朱迪·赫尔　　[美] 特丽·斯文◎著　　李颖妮◎译

华东师范大学出版社

目 录

附录

对保育员或家庭而言，用积极、温暖又充满爱意的方式来照顾一个哭泣的婴儿或与幼儿玩拍手游戏，都是促进头脑健康发育的好方法。事实上，对大脑发育的最新研究重点指出，在孩子3岁以前，所处环境与社交关系对大脑的健康发育影响非常重要（Shore，1997）。

以此为前提，《美国早教创意课程》（第二版）为保育员与婴幼儿家庭量身打造。本书的最终目的是帮助我们的下一代健康成长。因此，它应成为所有父母与儿童工作者的必读藏书。

本书侧重于儿童的整个成长过程，其中包含了生理、语言、认知、社交和情商的发展。为了支持、促进和激励孩子在这些领域的发展，本书为婴幼儿分别设计了独特的游戏活动。书的架构为四大部分。第一部分是幼儿发展的常识、评估和促进方式，也包含关于和幼儿互动的建议。第二部分是为婴儿和幼儿设计的创意活动，三册共380个。其中，0—1岁包括140个活动，1—2岁140个活动，2—3岁100个活动。第三部分是成长发育创意活动所需材料的索引目录。第四部分是丰富的教学资源，有材料制作方法、歌曲、手指谣与书籍。另外也列举了一些玩具和材料，并附有选择标准。

为方便读者，书中内容按年龄段与发展领域进行划分。每一项活动设计都链接一个广阔的发展领域与儿童的发展目标。举例来说，生理发育是基础领域，而手眼协调又是一项特定的目标。从准备材料、准备工作到教养策略，都是为简单、有效的应用而设计。为了令你和孩子的活动体验更丰富，更多相关信息与花样翻新也包含在活动方案中。"成长亮点"部分为了解儿童的成长提供了很多有价值的信息和理论。总而言之，这本书所提供的知识与活动设计能提升你的个人能力，以更好地满足婴幼儿的成长需求，并为孩子的最佳发展提供助力。而且，这些幼年的经历将为孩子日后的思维、社交及学习奠定一个坚实的基础。

致谢

我们在这里要感谢很多人。首先要感谢我们二人的丈夫，James Herr 博士和 James Daniel Swim 博士，他们在我们整个工作期间给予了很大支持。同时感谢我们的家人，他们对我们的鼓励从不间断，极大地鼓舞了我们的事业心。

而且，这本书的完成得益于许许多多可爱的孩子，他们用各种各样有意义的方式影响了我们的生活。无论是在大学实验室还是在保育中心，他们和他们的父母、老师都向我们展示了生命最初几年的重要性。

我们也必须感谢以下各大学、学院以及学生们的贡献，在他们的帮助下我们的职业生涯得以发展：

College of William and Mary，Norfolk，Virginia

University of Akron，Ohio

Harvard University，Cambridge，Massachusetts

Purdue University，West Lafayette，Indiana

University of Minnesota，Minneapolis，Minnesota

University of Missouri，Columbia，Missouri

University of Texas，Austin，Texas

University of Wisconsin Stout，Menomonie，Wisconsin

尤其要感谢的人有：Carla Ahman，Carol Armga，Michelle Batchelder，Chalandra Bryant，Mary Jane Burson-Polston，Bill Carver，Linda Conner，Kay Cutler，Sandi Dillon，Loraine Dunn，Nancy File，Nancy Hazen-Swann，Debra Hughes，Susan Jacquet，Elizabeth Johnson，Joan Jurich，

Susan Kontos，Gary Ladd，Julia Lorenz，Pat Morris，Linda Norton-Smith， Barbara O'Donnel， Diana Peyton，Douglas R. Powell，Kathy Pruesse，Julie Rand， Karin Samii， Jen Shields， Cathy Surra， Adriana Umana， Chris Upchurch， Lisa West， Rhonda Whitman.

同样需要感谢的是 University of Wisconsin-Stout Educational Materials Collection 图书管理员 Carol Hagness 以及 Menomonie Public Library 儿童图书管理员 Ann Salt,他们为本书制订了附录 A 中的婴幼儿推荐书单。我们在 Delmar 的编辑 Erin O'Connor Taylor 自始至终都对我们鼓励有加,并提供了很多金点子。而 Deb Hass 和 Vicki Weber 为我们打印了初稿。

同时,作者和出版社也要感谢以下审稿人,他们为本书提供了很多建设性意见:

Davia Allen
  Western Carolina Unviersity
  Cullowhee，NC

Alice Beyrent
  Hesser College
  Manchester，NH

Billie Coffman
  Pennsylvania College of Technology
  Williamsport，PA

Irene Cook
  Taft College Children's Center
  Taft，CA

Linda Estes
  St. Charles County Community College
  St. Peters，MO

Jody Martin
  Children's World Learning Centers
  Golden CO

第一部分

介绍

微笑、哭泣、踢蹬小腿、对人大笑，这些都是婴儿吸引你注意力的方式。这些有趣的行为令人动容，每一个婴儿都有自己独特的风格，各不相同。这些性情上的差异在出生时已十分明显：有的宝宝很安静，有的则活泼好动。每个孩子都是独一无二的。不过，所有孩子都会遵照预定的规律成长，就算每一个的实际速度不同。

成长可以定义为随着时间而发生的改变。根据 Bentzen 的理论（2001），成长指任何在生理和环境的影响下，个人身体构造、思维和行为上的改变。人类的发育有两种清晰的模式：第一种是自上而下的发育，比如说，对颈部的控制早于对躯干和腿的控制；第二种是从内到外的发育，比如说，手臂肌肉发育早于手掌和手指肌肉的发育。

生长发育理论

查阅书籍,你会发现有关儿童生长发育的理论或观点汗牛充栋,而有些观点是截然相反的。有些理论声称,儿童在出生时,未来的成长道路已定。他们完全不受环境影响,只根据个人的生物钟来。相反,也有以教养为基础的理论十分强调环境因素的重要性。这些理论认为,孩子来到世间,就是一张白纸。根据这类理论,孩子所处的环境就是塑造能力的工具。第三套理论则融合了这两种极端。它的基础观点是,生理和环境共同造就了孩子的发展。

阅读本书的时候,你会发现我们注重的是互动理论。对大脑发育的最新研究支持这样一种观点,即人类的发展基于自然因素与教育方式之间的积极互动(Shore,1997)。出生时,孩子的大脑发育尚未结束。通过早期的体验活动,大脑才开始成熟,并与身体各部位建立连接。不断重复的经验使这种连接逐步稳定,从而为大脑一生的组织和运行打下基础。

你所扮演的角色十分关键。因为早期的经验对孩子大脑发育的影响十分重大,孩子与父母、保育员以及其他重要人物的关系都会影响大脑的生长。所以,充满关爱的接触,正面的社交体验,情绪方面的、语言交流的、认知的和生理的经历都会影响大脑的健康发育。

不过,这种影响绝对不是单向的。例如,孩子们的天性彼此有差异。研究显示,孩子的性格会影响他们与周围人、事、物的接触。比如说,坤坤是一个安静的慢热型孩子,他一开始就很内向,只看不动,很容易因陌生环境而沮丧。于是,他的保育员和父母有时会避免让他过多接触外界。久而久之,他的生理、语言交流、情绪、社交能力和认知发展都会被他的个性以及保育员的回应方式打上烙印。

成长理论的应用

成长理论为人类成长模式的研究提供了充分的依据,证明婴幼儿的成长是遵循一定的规律和次序的。这种可预见的成长发生在每一个领域——生理的、认知的、语言交流的、社交和情商的领域。而普遍的成长轨迹也被称为成长模式。最佳例证就是一大群孩子都可以完成同一项任务。正因为模式是一种平均概念,对它的解释应十分谨慎。因为每一个孩子完成一个特定的或多个成长目标的时间先后是不同的。比如说,一个孩子可以如预期那样,达到认知方面的各项标准,但在语言方面却滞后了。所以,每一个孩子都有自己独特的成长发展轨迹,这一点必须加以考虑。

虽然有一定的限制,但成长模式对保育员和父母来说,还是十分有用的。原因有三:首先,它们为评估一个孩子的成长提供了相对的评判标准。如果孩子在某方面的发育滞后了,通常应予以一些关注。如果孩子在多个方面都落后,则应咨询人类成长专家,作进一步评估。其次,成长模式有助于判定一个特殊行为和技能的出现时间。了解孩子现处的发育层次,便可估计接下来会出现的行为。比如,孩子现已能很容易地找到一个被部分遮掩的玩具,那么他将能找到一个完全被藏起来的玩具。这种对未来发展的预知能力解释了成长模式实用论的第三个原因:成长模式让父母及保育员能创造和应用各种活动,来支持、提高孩子现有的发展水平。根据刚才的例子,成年人在和孩子玩捉迷藏的游戏时,可以先用毛巾部分藏起一个玩具,然后增加挑战难度,把玩具完全藏起来。

下列图表提供了一系列婴幼儿的成长模式,以意义重大的任务为主要内容。模式按不同领域进行分类,每个领域的任务都是循序渐进的。使用图表的时候请切记,它们代表的仅仅是发育的普遍模式,你应同时考虑每个孩子的特殊情况。

成长里程碑*

生理发育						
出生至 3 个月	**4—6 个月**	**7—9 个月**	**10—12 个月**	**13—18 个月**	**19—24 个月**	**25—36 个月**
反射行为—吮吸，迈步，挥舞四肢	用手拿住积木	独自坐稳	用双腿支持全身重量	垒起两块积木	独自走上楼梯每次一阶	行走时跨越障碍物
拍打眼前出现的东西，但动作不协调	伸出一只手取物	行走反射回归，当被抱起呈直立状态，会有跳跃动作出现	可以被牵着手走路	翻动纸板书的书页一次 2 到 3 页	蹦跳	奔跑时动作接近成人，膝盖微屈，双臂朝相反方向摆动
趴地时会昂起头来	从平卧滚至侧卧	坐起时，会身体前倾取物	沿着家具或支撑物走动	喜欢涂鸦	踢球	独自走下楼梯
抬头和抬起肩膀	动作协调地伸手够物	用手和膝盖撑起身体，但容易前倒	独立站立	顺畅行走	慢慢跑动	随着音乐踏步前进
从侧躺滚到平躺	凭借支撑物坐起	扭动爬行	独立行走	行走时可携带或拖曳一个玩具	显示对使用某只手的偏好	用腿踢动带轮子玩具
眼睛跟着物体移动	在两手之间传递物品	尝试站立	沿楼梯或台阶攀爬	在协助下走上楼梯	可以拼起 3 片拼图	骑三轮车
	用任意一只手抓东西	拍手	自动放掉手里的东西		垂直搭起 6 块积木	绘画时挥舞整条手臂
	用手臂支撑分腿坐稳	在成人的协助下站起来	坐起时平衡感好，转变姿势时也不会跌倒			根据意愿向前抛球
		学习精细的动作，用大拇指和食指拾起东西	脱掉鞋袜			垒砌 8—10 块积木
		会用大拇指和其他手指拿起东西				模仿成人画圆圈、水平或垂直线条
		敲打东西				一页页翻书
						并拢手指舀取小物件
						用鞋带穿起大珠子

（成长里程碑所列不同特性的出现时间仅是平均状况。因为每个儿童的差异性，这些特征的出现会有早晚。）

成长里程碑*

语言沟通						
出生至 3 个月	**4—6 个月**	**7—9 个月**	**10—12 个月**	**13—18 个月**	**19—24 个月**	**25—36 个月**
用哭声、咿呀声和面部表情来进行沟通	咕哝、自言自语	咕哝声转变成大声的、有节奏的高低音	用非语言的手势来影响他人的行为	有 10—20 个词的词汇量	继续使用电报式语言	继续使用电报式语言,每句话包含 3—4 个词
偏爱人类的声音	模糊地根据母语发音	出现辅音	展示语言理解的能力	开始讲"自创语言"	能连起 3 个词	讲完整的句子,词序自然
咿呀作声	标准化、系统化的元音辅音搭配	通过手势进行交流,多为指物	挥手再见	连起两个词,使用电报式语言	讲话,25% 的话能被听懂	展现有效的谈话技巧
大笑	参与成年人发起的互动游戏	会说妈妈和爸爸,但并不能将词和父母联系在一起	说出第一个可辨识的词	经历语言爆发期	用名字指代自己	用"我"而不是名字指代自己
通过微笑和咿呀儿语主动与保育员交流	轮流发起互动		主动发起与成人的游戏	理解大约 50 个词	在一句话里用 3—4 个词	谈论非眼前发生的事物
					理解词汇达到 300 个	理解一定的语法
					掌握的词汇量达 250 个左右	词汇量飞速增加,达到 300 个左右
						喜爱成人为其阅读故事,其间伴以指物、聊天和翻书动作

（成长里程碑所列不同特性的出现时间仅是平均状况。因为每个儿童的差异性,这些特征的出现会有早晚。）

成长里程碑*

			认知水平			
出生至 3 个月	**4—6 个月**	**7—9 个月**	**10—12 个月**	**13—18 个月**	**19—24 个月**	**25—36 个月**
用哭声求助	通过声音认人	喜欢看印有熟悉物品的书	主动用某些方法来解决问题，比如摇晃一个容器以倒空里面的东西	用新奇的方式探索物体的属性	在读书或游玩时根据要求辨别指出不同物体	有目的性地使用物品
反射行为	喜爱一些重复动作，如晃动摇铃，以制造外部结果	区别熟悉与陌生的面孔	根据要求，指出身体的各个部位	通过不断的尝试解决问题	根据形状与色彩分类	活动时与人私下进行沟通
喜好看图案、大圆点、水平条纹和人脸	用眼睛搜索声音来源	带有目的性的行为	故意掉下玩具，然后反复看向掉落物体的方向	实验因果关系，比如打开电视机、敲鼓等	认出照片上和镜子里的自己	一维式区分物品，例如区分小车与积木
模仿成人的面部表情	喜欢看自己的手和脚	期待即将发生的事情	挥手道别	玩指示身体部位游戏	进行模仿	遵照二步式指令行动
用眼睛搜索声音来源	寻找一部分被遮掩的东西	找到完全藏起的物品	显示更强的记忆能力	模仿他人有趣的行为	玩功能性游戏	对自己选择的活动花更多时间，注意力更集中
在一定距离外认出熟悉的人	有目的性地使用玩具	不成熟地模仿一些日常举动	遵循简单的一步式指令	认出照片上的家庭成员	找到被移出视线之外的物品	读书时自然辨别指物
重复某些肢体动作，例如吮吸、挥拍和抓握	模仿简单动作	开始喜欢装满和清空容器	根据外观对物体进行分类		通过内部表示法解决问题	与其他孩子玩假想游戏
发现手脚隶属于自己	凭借已有动作探索玩具，如吮吸、敲打、抓握和摇晃		到第二个地方寻找物品		根据性别、人种和头发颜色等区分自己和他人	在数一套物品时，获得初步的数字概念
						开始培养相对概念，如大小、高矮和里外
						开始发展时间概念，如今天、明天和昨天

（成长里程碑所列不同特性的出现时间仅是平均状况。因为每个儿童的差异性，这些特征的出现会有早晚。）

成长里程碑*

			社交能力			
出生至3个月	4—6个月	7—9个月	10—12个月	13—18个月	19—24个月	25—36个月
把头转向说话的声音	通过哭泣、咿呀声或微笑找成年人玩耍	与喜爱的成年人分离时感到难过	对一到两个保育员特别偏爱	希望引起注意	喜爱他人的陪伴	观察他人如何做事
认出基础护理人员	对熟悉的面孔做出全身反应,如盯着人看、微笑、蹬腿和挥动胳膊	通过纠缠或哭泣,努力将喜爱的成年人留在身边	与其他孩子平行游戏	模仿他人的行为	仅仅从自我的角度去观察世界	独自玩耍或与他人平行游戏
与保育员建立联系	主动与他人互动,当成年人说话时,发音回答	将成年人作为自己探索的后备力量,是这一时期的典型行为	喜欢和兄弟姐妹一起玩	对自身的存在感不断加强	可以自得其乐地玩耍,或在成年人身边玩耍	有时候会把自己的玩具给其他孩子
乐于看到人脸	朝熟悉的面孔微笑,对陌生人报以严肃的目光	当别人显得难过时,能够注意到	开始表达自己	除亲密保育员以外,愿意与他人亲近	参与功能性游戏	开始与其他孩子合作玩耍
会对人微笑示好	能区分熟悉或陌生的人与环境	喜爱观察并与其他孩子简单互动	开始培养幽默感	表明对某物的所有权	保护自己的所有物	参与社会角色扮演游戏
听到抚慰的声音会安静下来		喜爱并响应一些游戏,比如拍手和捉迷藏	通过认识身体各部位而培养自我认知	能独立完成一项任务时,独立自主的意识开始发展	在照片或镜中认出自己	想独立完成一件事
开始能区分自己与保育员		独自玩耍	开始区别男孩和女孩		可以用"我"来指代自己	越来越多地用"不"来表明自己的独立
		对某些人或物产生偏爱			通过外表的显著特征来认人,包括人种或发色	发展初步认知,即他人的愿望或感受和自己的可能不同
		出现陌生人时感到不快			对陌生人的害怕程度降低	对父母、保育员和看护者发号施令
						较少用具体行为,更多用语言来解决问题
						出现性别特征明显的行为

(成长里程碑所列不同特性的出现时间仅是平均状况。因为每个儿童的差异性,这些特征的出现会有早晚。)

成长里程碑*

情商培养						
出生至 3 个月	**4—6 个月**	**7—9 个月**	**10—12 个月**	**13—18 个月**	**19—24 个月**	**25—36 个月**
能感受并表达三大基本情绪：兴趣、沮丧和厌恶	表达快乐	使用面部表情、眼神、声音和姿势对周围的事情表达自己的情绪	继续展示快乐、愉悦、不适、生气和悲伤	经常说"不"，以显示自己的独立性	自然地对他人表示亲善	开始越来越多地感到害怕
用哭泣来表示需求	回应保育员的情绪	更经常地表现出恐惧和愤怒	当愿望受阻的时候表达气愤	能辨别几种情绪	用行动去安慰别人	开始能意识到一些基本情绪的后果
被拥抱时会安静下来	开始分辨熟悉与不熟悉的人	通过经验来控制自己的情绪	对令人沮丧的事情表示愤怒	将行为和情绪联系起来	显示如骄傲和尴尬等情绪	学会应对强烈情绪的技巧
感受并表达快乐的情绪	当一个熟悉的人抱起自己，表示偏爱	通过他人的情绪来觉察他人的意图	开始愿意顺从保育员的要求	开始理解复杂的行为模式	在对话和游戏中自然使用情绪化的词	学习用更精确的词来与人沟通情绪
对人报以微笑	帮忙扶住一个奶瓶	看向别人以获取暗示，决定自己应该如何行动	对游戏被迫中止通常很介意	能够通过沟通来表达需求	开始对别的孩子和成人表示同情	显示共鸣与关心的迹象
阅读并辨别成人的面部表情	用不同的方式表达快乐，对着熟悉的人微笑或者大笑	害怕陌生人	开始用一把调羹吃饭	对想要的东西也可能说"不"	很容易因批评而受伤	会失去情绪控制，发脾气
开始能自我控制情绪			脱穿衣服时协助配合	可能失去控制，发脾气	因目标受阻，有时会发脾气	会在发脾气后恢复过来
大声笑			对动物、娃娃玩具有充满爱心的举动	有自我意识的情绪，如羞耻、负罪感和害羞	能将面部表情和简单的情绪定义联系起来	愿意帮忙收拾玩具、拿杂物袋
会使用一些自我安慰的技巧，如吮吸大拇指或橡皮奶嘴			可以自己用手吃完一餐饭（食物可用手拿）	很容易受挫		开始能在准备大小便前给人提示
			成功完成一项任务时自己拍手庆贺			期待每日惯例的发生

（成长里程碑所列不同特性的出现时间仅是平均状况。因为每个儿童的差异性，这些特征的出现会有早晚。）

成长评估

所有孩子都有潜力，不过表现在不同的方面。他们都有学习的能力，并发展自己的主张、观点和策略。所有的孩子都有权利在这样的学习中获得成人的支持与帮助。所以，教师和父母应该多观察他们，多倾听他们的心声（Gandini & Goldhaber，2001）。

评估是一个过程，其间包括观察、倾听和记录孩子的行为，以判断一个孩子的发展程度，并确定孩子的教育需求。这个过程适用于一个孩子、几个孩子和一个儿童集体。在评估发展的过程中，你的观察技巧是主要的工具，通过观察和倾听，你会更多地发现孩子的需求、兴趣和能力。

这也是一个简单的过程。你的眼睛和耳朵就像摄像机镜头，可随时捕捉孩子的行为、语言、态度和偏好。多数状态下，你应该检视孩子在面对你创造的那些有意义、有价值的任务时完成的能力。这样，你的评估就能和你计划和应用的全部课程直接联系起来。比如，当你和一名婴儿互动或协助一名幼儿完成一项"工作"时，你就同时在进行评估。换言之，这是一个持续发生的自然过程。具有权威性的评估要求你集中精神，并花费额外的时间去记录你的观察结果。为了在这个过程中协助你，本书在附录J中提供了一张表格。如果你照料的孩子多于一个，你可以为每个孩子复印一份。附录K是一张摘记表，能让你记录下J表中没有列出的更多行为和事件。附录L提供了一个持续记录的样本，这种评估方法能让你持续用描述的方式来进行观察和记录，并覆盖一个特定的时间段。

请注意摘记表和持续记录表的相似之处。而它们最大的不同在于观察期的长短。摘记表主要记述一件事，而持续记录表则包含某一特定时间段内所有各种各样的行为。所以，持续记录表提供的是特定时间段内行为的全景式记录。

你也可以收集代表孩子能力的各种手工制品。比方说，收集孩子制作的艺术品、涂鸦或雕塑作品。要记录那些无成品活动中孩子的表现，可以使用照相机或摄像机。

保育员和父母为什么要去评估幼儿的发展，有好几个原因：第一个原因，评估伴随着成长，会注意到随着时间而来的进步与变化，从而提供学习与成熟的明证。父母或保育员做下的每一条记录都是孩子成长的珍贵"片段"。将几个片段汇集在一起，就是一张孩子成长发育的变化图。典型的情况是，孩子的成长发育遵循着一个可预见的次序。比如，孩子先是哼哼，然后才会出现咿呀学语。同样地，他们先学会对人微笑，然后才学会挥手再见。孩子也会在同一种技能的学习上持续一段时间，比如在用大拇指和其他手指拾取东西这件事上，他们可能会耗费几个星期甚至是几个月。最后，孩子的发展也会出现倒退，尽管这种情况不常见，但在低潮期仍可能发生。比如说，一个幼儿在吃饭时已能有效地使用调羹，但仍可能倒退至随手抓取食物吃的状态。

第二个原因，评估可让人深入了解孩子的习惯、兴趣和性情。这些信息对父母和保育员是非常有价值的，能帮助他们决定自己应采取什么样的态度。当你了解一个孩子的时候，就更容易满足他的需求。比方说，有些孩子在不同的活动转换之间颇感困难。了解这些信息，对迎接一天中的每一个必经环节（如吃午饭）就能做一些针对性的准备。

第三个原因，评估所获得的信息可让你充分考虑孩子的成长发育状态。它们可以直接指导你如何为孩子设计合适的活动。在不同的活动中间，你的计划应达到一种平衡，使发展的各个领域都得到支持、促进和强化。当孩子对有些技能已经掌握，但仍然显得兴致勃勃、乐此不疲时，便可以设计一些重复的活动。而另一些活动则可以呈阶梯状，由持续发展的活动组成。有些活动可以作为一个挑战，通过较高的技能水平要求来刺激孩子的发展。这时，孩子往往需要成年人更多的支持和协助,以完成学习目标,并构建对学习的自信。

第四个原因,发展数据的收集能帮助你与他人进行有效的沟通。比如说,如果你照顾的不是自己的孩子,你需要这些材料与他们的父母或监护人进行讨论。同样地,如果你自己就是父母,你也需要与保育员、儿科医师或其他与孩子相关的重要人员分享这些信息。所以,你自己也应保存一份档案,包含各种表格、照片、录像、艺术作品和其他代表孩子成长的资料。

最后一个原因,成长评估的进行应保证所有发展领域的数据都被收集。人都会有不同的价值取向,所以,有意无意的选择关注很容易使他们忽视或轻视某个发展领域。如果没有对所有的领域进行全面评估,向孩子提供的玩具、器材和活动很可能无法满足他们的需求。想要进行有效的评估,你首先要将收集的资料整理成一个严整的格式。你选择何种格式完全取决于你打算如何使用这些数据(Helm,Beneke,& Steinheimer,1998)。

比方说,如果你想和别人交流一下孩子在一个特殊活动中的学习状况,你可能需要展示一些活动中收集的工作成品、拍摄的照片,以及孩子在活动中的谈话记录。如果是比较早期的儿童活动,信息可用一张二维表来展示(附录 N)或一张三维的"看看我干了什么?"

而且,为了交流儿童现有的发展水平,你可能需要创建一个活页夹,包含各类信息,比如成长检测表、摘录表、持续记录表、照片、录像带以及代表孩子成长的手工艺术品。

尊重孩子

尊重、体察、荣誉、价值,这些词很少用来描述低龄的孩子。在较大的孩子和成年人那里,这种特性倒是往往被重视的。那么,该如何在一开始就将这些特质根植于幼儿的心中呢?

在你的行为中,必须时时透露出尊重。更重要的是,对幼儿的尊重必须是自然而然、发自内心的。你必须相信,幼儿作为一个人,是值得你去付出时间和关注的。因为一种尊重的人际关系对孩子成长的方方面面都意义重大。举例来说,当婴儿感受到尊重,会学会信任成年人,并倚仗他们来满足自己的需求。这种信任的基础使得他们在学步期勇于去探索周围的环境。因此,信任会带来对世界的认识和对自我地位的认识。

对婴幼儿表示尊重看起来很难,因为习惯上我们很少这样看待孩子。不过,实际并非如此。尊重意味着相信孩子探索的能力、解决问题的能力以及在他们自己的世界发起事件的能力。它也意味着应为某些行为设定界限。当然,这也并不总是那么容易的,因为随着孩子的独立自主性越来越强,他们会想凡事自己动手。我们认为这是对孩子表示尊重的最重要时期。仔细观察他们,可以发现各种求助的信号。控制好我们自己的行为,别做得太多,也别做得太少,幼儿需要"恰到好处"的帮助,以协助他们的成长和学习。

而且,正面的引导技巧也能增强自主与自信。比如说,当一个孩子正拓展身体的机能,又跳又爬地玩耍时,我们应保证他有一个安全的区域玩耍。如果他自己选择的地点不合适,应将他引导到一个安全的地点并说:"你如果想跳,可以从这个台阶跳到这个垫子上。在这里玩比较安全。"这种引导的技巧既顾及到孩子潜在的活动欲望,又找到了一个更安全的替代方式(Marion,1999)。而且,画出一道清晰的界限可以让孩子在一定范围内做出自己的选择。表示尊重并不等同于让孩子掌控成年人。事实恰恰相反。尊重孩子的成年人已经建立了清晰的规则并施行不怠。成人也应向孩子解释这些规则的由来和原因。事先申明规则事实上能帮助孩子遵守它们,从而培养出道德感(Charlesworth,2000)。

关于幼儿的书籍著作很多,且专为父母、保育员和教师而写。但不幸的是，绝大多数都把焦点集中在了"麻烦的两岁"这点上。其中的原因很简单：一方面，这时期的孩子很多事情都想独立完成，因此一味拒绝帮助，哪怕协助近在眼前。他们也在认识情绪，并学习控制情绪的方法。不幸的是，他们常常会失控，就像我们自己也会在生活中偶尔发作。

另一方面，两岁的孩子兴致勃勃，充满自信和幽默感，对成人来说是欣喜的源泉。在一个尊重的前提下，这个时期的两面性应被充分理解。明智的教育者懂得，孩子这时正学习生命的课程，为将来的生活打下基础。请花时间从孩子的视角来看世界。在他们的眼睛里，世界是如此新奇而引人入胜。无怪乎他们是这样的精力充沛、活泼好问。带着这样的心态，你就能与他们一同分享他们那永无止境的好奇心。

与幼儿的交流

父母和保育员在幼儿掌握交流技巧和语言的过程中，扮演着至关重要的角色。请注意听一些人在与婴儿互动或讲话时使用的特殊方式。最早，这种讲话方式被称为"母语"，现在也被叫作"父母的语言"。这种讲话方式缓慢，会在语调和高音部分故意夸张变化。

当人们使用这种方式对婴儿说话时，提高的声调和缓慢的节奏能够吸引孩子的注意力。同样地，仔细清晰的发音、简化的内容也能让孩子更容易理解。通过强调一句话中的某个词，成人帮助孩子抓住了一个重点。在这种对话中，成人会有意识地强调婴儿在对话中的角色，鼓励孩子的响应，同时也对孩子的任何表示都积极响应。下面的例子就说明了这种对话的结构：

> 保育员：看这只猫猫。
> 婴儿咿呀回应：啊啊啊……
> 保育员：猫猫是黑色的。

> 婴儿咿呀回应：哦哦哦……
> 保育员：猫咪正在吃东西。
> 婴儿咿呀回应：嗯嗯嗯……
> 保育员：对啊，你知道猫咪饿了。

"父母语言"的通常特征

发声
● 在一些发音上尽量夸张，并提高声调
● 经常在高低音之间转换，有时也会轻声细语
● 发音更加清晰
● 在一句话中强调一到两个词
● 模仿一个孩子的发音，无论对错

简化含义
● 用简单的词汇代替更复杂的词汇，比如以"哞哞"代替"牛"
● 用低龄化的词，以"狗狗"代替"狗"
● 用最简单的分类来指代，如以"鸟"代替"鹦鹉"
● 重复孩子自己发明的词，如以"饱饱"代替"奶瓶"

改变语法
● 简化句子的语法，多用短句，如"爸爸走了"
● 用名词代替代词，如"妈妈来帮杰杰了"
● 多用复数，"我们来吃奶啦"

与孩子互动
● 焦点集中在当下环境里发生的事
● 自问自答
● 用问句多过陈述句或祈使句
● 经常停顿，让孩子发声
● 自己重复说过的话
● 回应孩子的发声，并重复、延伸和改述

（Baron，1992；Snow，1998；Zigler & Stevenson，1993）

一旦幼儿开始理解语言，他们就会使用它。对语言的理解要早于语言的产生。刚开始，新词汇出现得

很缓慢,然后就会突然呈现一个爆发。名词学起来要比动词快。孩子最早学会的词汇集中在身体各部位、玩具、衣服和社交互动上,如"拜拜"和"哈喽"。在积累了一定的词汇量后,孩子会在 18 个月到 2 岁之间,组合词语,用两个词的短语进行交流。

幼儿的注意力在 3 岁时会一点点延长时间,同时语言和认知的发展十分瞩目。在这个时期,他们对世界的认识是大踏步前进的。现在,孩子会用 3 个词的短句进行交流了。然后,在大概 30 个月大的时候,幼儿开始自言自语。通过与自己的对话,他们开始用语言来规范自己的行为,而并没有社会交往的意图(Fogel,2001)。

环境对幼儿语言发展的促进作用是巨大的。成年人最基本的作用就是给孩子提供一个语言丰富的环境,以鼓励孩子的探索,同时使幼儿对语言的听说交流保持兴趣。幼儿需要各种不受限的机会来交谈、阅读故事、念手指谣、唱歌和玩幻想游戏。应向他们提供玩具和家庭日用品来刺激他们的语言发展。所以,成人要多和幼儿讲话,让他们意识到,讲话就是交流。

因为语言学习是通过正式的互动来进行的,在有意义的背景和社会场合中和孩子交谈就显得很有必要。每次请尽可能地降低到他们的层次,全神贯注,以突出每个词的重要性。非语言的暗示、音调和面部表情都能传达重要的信息。交流时,多帮孩子指明一些事物、感觉和想法。为了将他们带入谈话,我们可以使用提问和制造响应情境这些技巧。

Kratcoski 和 Katz(1998)提供了一些指导原则,可用于支持儿童的语言发展,包括:

- 使用简单的句子
- 说话缓慢而清晰
- 变化语气、语调以强调关键词
- 使用有具象的词汇
- 根据儿童的发音和词汇来组句
- 说孩子感兴趣的话题
- 多评论,少提问
- 教孩子各种物品、感觉、想法、色彩和形状的名称
- 给孩子各种学习新词汇的机会,方式要有意义,同时提供更多的物品和经历,以拓展孩子的语言
- 让孩子接触丰富多样的书籍、优美的歌谣和音乐
- 将孩子的举动、想法和情绪与词汇联系起来
- 多让孩子参与他感兴趣的语言互动,可以提问或制造需要回答的语言情境
- 让孩子参与问题的解决
- 提供玩具和日常用品给孩子,以刺激孩子谈话

如何应对婴儿的行为

婴儿的暗示是很重要的。婴儿会有七种不同的行为模式,保育员应该能一一辨识。每一种行为模式都会有不同的面部表情、身体语言和警醒度。出生以后,新生儿的状态并不稳定。几星期后才会出现可预见的行为模式。而且,新生儿一天之中的绝大部分时间——16—18 个小时都用来睡觉。随着孩子的日长夜大,睡眠时间会逐步减少,同时,清醒的时间不断增加。当这一切发生的时候,你应该花更多的时间和孩子互动。下面的表格提供了颇有价值的信息,以帮助辨认这七种行为模式。仔细研究一番,你能知道如何应对婴儿发出的各类信号。

提供激励和适时的互动很重要,不过孩子在各种规律的、不规律的或片刻的瞌睡中,不应被打扰。保育员应观察孩子清醒的平静时刻。在这种情况下,婴儿的面部表情放松,眼神明亮专注,眼睛完全张开。孩子的动作都很轻微,尤其是婴儿的手会摊开,手臂弯向肘部,十指叉开。

婴儿的行为模式和成年人的应对方法

状态	面部表情	行为	成年人的应对
安稳的睡眠	眼睛紧闭不动;面部表情放松	少有动作;手指稍稍曲起,大拇指伸出	不要打扰
不安稳的睡眠	眼睛紧闭,但眼球不时会动;微笑或愁眉苦脸	轻微的动作	不要打扰
半睡半醒/打瞌睡	正常与不安稳睡眠之间;眼睛半睁半闭;眼神朦胧	比不安稳睡眠中的动作少;手放松摊开;手指伸展	不要打扰;如果孩子想继续睡就抱起来;不想睡的话不要打扰
安静清醒	眼睛明亮,完全睁开;脸部放松;眼神有焦点	小动作;手摊开,手指伸展;手臂弯向肘部;眼神专注	和宝宝讲话;向其展示物品;进行评估
醒来	面色发红;不能像安静时那样专注凝视	动作剧烈;发出各种声音	和孩子互动;提供基础护理
哭泣	皮肤发红;表情痛苦;眼半睁或全睁	动作激烈;大哭;拳头攥紧	立刻抱起;找到不适的根源进行弥补,安慰孩子

哄宝宝

当婴儿开始哭泣,保育员应立即作出响应。这种反应十分重要,因为孩子需要体验那种可预计的、持之以恒的关爱。这样的关爱能让孩子学会信任,并成为以后社交情商发展的基础。而且,对婴儿哭泣的迅速响应对语言和交流技巧的发展是十分重要的。这能教会孩子,通过交流,他们的需求将得到满足。许多保育员担心,孩子一哭就作出反应会宠坏孩子,现在的研究指出,事实并非如此。有的研究发现,对年幼的孩子及时响应会让孩子以后减少哭闹。(Zigler & Stevenson,1993)婴儿是能学会信任自己的沟通成果的。

下面的表格提供了一些安抚婴儿的建议,包括采用这些措施的理由:

安慰哭泣宝宝的有效技巧和理由

技巧	理由
把宝宝举到肩膀,摇晃或走动	提供身体的接触,直立姿势和动作
用毯子紧紧包裹	限制孩子的动作,并增加温暖的感觉
让孩子吮吸自己的拳头或奶嘴	提供愉快的口唇刺激
轻柔地讲话或提供一种有节奏的声音,比如钟表或电扇	可以让孩子回忆起在母体里听到的妈妈的心跳声
轻柔的、有节奏的动作,或让孩子坐在婴儿车里出去兜风和荡秋千	用摇篮曲哄孩子入睡
持续地、轻柔地为孩子按摩	让婴儿的肌肉放松

解读非语言信号

能否与孩子建立一种人际关系，完全取决于你解读他们行为的能力。这需要相当仔细的观察。你需要研究孩子的非语言行为暗示。比如，一个孩子直视你，这是一种完全专注的行为。在这种情况下，可以继续互动。如果孩子低下头，就该停止了。下面的表格提供了一些解读婴儿行为和面部表情的方法：

孩子的视线和举动对保育员的意义	
身体语言	**通常解读**
面对面，清醒的	完全专注地投入
面对面微笑	愉悦的，感兴趣的
微微别过头去	依然有兴趣，但互动太快或太慢
完全转过头去	没有兴趣，需要暂停互动
低下头	停止互动
飞快地摇头	不喜欢某样东西
视线瞥向别处，微微仰头或部分转过头去	停止或转变策略
低下头，身体无力	已经完全放弃抵抗过度刺激

如果你无法辨识孩子的信号，婴儿可能会被过度刺激。过度刺激可能来自过密、过大的活动。声音或噪音都可能造成过度刺激。当过度刺激发生时，婴儿会自我保护，从一个状态换到另一个状态。因为在不同状态之间起伏波动，孩子、保育员和环境之间的调适就显得很重要。当孩子发出状态变化的信号时，你必须立刻改变你的行为，停止互动方式或游戏。当然，如果孩子示意准备好了，活动可以重新开始。就算婴儿的状态没有发生变化，他们的兴趣也变化得很快。有时，他们会飞快地从一个活动换到另一个。相比之下，新的活动或玩具可以完全吸引他们的注意力，时间长达15—20分钟。

使用这本书

这本书是幼儿抚育工作的良伴。要想有效利用，可以先熟读成长模式和成长评估。随后你可以用附录 K 中的评估表开始收集和记录数据。一旦你收集了发展数据，进行分析，确定了每个孩子的需求、兴趣和能力，这时，你就可以在书中寻找合适的活动方案，以支持、推动和促进孩子在各个方面的发展。

在这个过程中，你需要缩小选择的范围，以避免过度刺激照料的孩子。这可以减少你的准备时间和准备材料、容器，让你有更多的精力去和孩子互动。当你面对幼儿时，也会经常出现问题，为了支持你的工作，附录 J 中列有一系列和婴幼儿相关的资源。它们会对你的教养工作助以一臂之力。我们希望你能享受阅读的过程，并多多应用我们设计的活动。最后，我们赠亲爱的读者一段话：

对一个宝宝而言，生命最初的时光、学习和探究都不能推翻重来。这不是排练，是正式的上台演出。

——Irving Harris

第二部分

协助婴儿出色成长

13—18 个月

19—24 个月

生理发育

语言沟通

认知水平

社交能力

情商培养

生理发育

13—18个月

玩具熊荡秋千

发展目标

✔ 完善平衡技巧　✔ 继续发展手眼协调能力

材料

❑ 两根 8 英尺长的羊毛线

❑ 两只玩具熊

准备

✌ 把一只玩具熊系在一件结实的家具上。每根羊毛线的一端系在玩具熊的一条手臂上，另一端系在家具上。系紧羊毛线，并调节玩具熊的高度，保证幼儿能够方便地碰到它。把另一只玩具熊放在家具旁的地板上。

教养策略

1. 如果孩子选择了这个游戏，仔细观察。

2. 如果孩子只是拉扯，而不是推小熊，可以这样转移孩子的注意力：

   "约翰，推一下，让小熊荡秋千。"

   "让小熊前后晃起来，用你的两只手。"

3. 趁孩子玩耍的时候，告诉他*这个活动所需要的技巧：

   "约翰，保持平衡是很难的。"

   "你往前迈步的时候，用双手推。"

   "然后后退一步，别让小熊把你撞倒了。"

4. 正面的鼓励可以帮助孩子培养积极的自我认知。可以说：

   "约翰正在卖力地推小熊呢！"

   "你把小熊推得这么高了。"

   "你的平衡感很好。"

---

* 本书对婴幼儿名字的译名，不表示性别，故一律以"他"指称。——出版者注

☀ 成长亮点

幼儿在第一年里学会的动作技巧在第二年得到持续的完善。孩子用眼睛来观察使用双手的结果。在这个过程中，孩子学会掌控自己的行动。他们的大脑会发送信号以增加动作的精确度。手眼协调通过这种方式得到了不断的完善。

5. 幼儿可能会想抱抱玩具熊。如果是这样，指着另一只玩具熊，向孩子建议说：

   "约翰，这里还有一只玩具熊，你可以带它玩。"

   "我还给你准备了一只小熊，来抱抱它吧！"

换个花样

✌ 对还不会走路的孩子，放低玩具熊，让孩子坐着也能碰到它。

补充信息

✌ 这个活动对孩子来说是非常好玩的。根据参加游戏的孩子数量，你可以挂起 2 只玩具熊，以避免孩子之间起争端。因为幼儿还没有排队轮流玩耍的概念。

画画

发展目标

✔ 完善手眼协调能力　✔ 练习运动协调能力

材料

❏ 画架、大张画纸、遮护胶带、报纸、工作罩衫、晾干架、衣服别针、粗短画笔、红色蛋彩颜料及容器

准备

✌ 拿一个容器，里面装三分之一的颜料以避免浪费。将画笔也放在容器中。

✌ 用遮护胶带把报纸盖在画架上。

✌ 把画纸铺在画架上，如果没有画架，就把画纸贴在墙上。

✌ 在地上铺好报纸，方便后续清洁工作。

教养策略

1. 在幼儿准备画画之前，帮他穿上工作罩衫，并向他解释为什么要穿上这个，比如：

   "戴文，这样你的衣服就不会沾上颜料了。"

   "画完画，你的衣服还是干干净净的。"

   不过，也不要过于强迫孩子穿工作罩衫。

2. 观察孩子如何探索材料与工具。

3. 用正面的态度鼓励孩子画画，可以说：

   "戴文，在纸上画。"

   "用笔来画。"

4. 描述孩子创作的过程，换言之，将重点集中在绘画的过程上，而不是最终成品上。指着画说：

   "你正在画长长的红线，从头伸到底。"

   "你在画小红点。"

☀ 成长亮点

孩子的精细动作正在不断完善。仔细观察，他们现在已经可以用食指和大拇指捡起细小的东西。事实上，孩子捡起玩具或其他物品查看的能力增强了。而且，孩子开始能够拿稳调羹、画笔和牙刷等东西。

换个花样

✌ 在一张儿童桌上或茶几上画画

✌ 也可在户外画，可将一大张纸贴在围栏上。

补充信息

✌ 和孩子谈论这个活动时，注重过程而不是结果。这样可以让孩子不用解释自己的创作。这个阶段的孩子的兴趣在掌握工具和观察手与工具的互动上。

✌ 绝对不要强迫一个孩子穿上工作罩衫。如果衣服沾到或溅上颜料，马上脱下清洁。

搭积木

发展目标

✔ 完善精细动作技巧
✔ 增进手眼协调能力

材料

❑ 一套泡沫积木
❑ 塑料盒

准备

✌ 只挑选两种积木出来玩,其他形状的放在一边,因为它们对这个阶段的游戏来说太难了。

✌ 把选出的积木放在塑料盒里,清空一个场地,把盒子放在那里。

教养策略

1. 观察孩子选择积木的举动。

2. 描述孩子是如何玩积木的,可以说:
   "奥斯汀,你正把方块排成一条线。"
   "你正把积木装进盒子。"

3. 和孩子一起坐在地板上,同时保持能够照看到其他孩子的姿势。

4. 继续和孩子讨论玩积木的事。

5. 同时,示范性地搭一座塔。

6. 用语言来描述你的行为,可以说:
   "奥斯汀,我用三块积木搭了一座塔。"
   "我把这块积木叠到另一块上。"

7. 鼓励孩子也这样玩,可以说:
   "奥斯汀,像我一样把积木搭起来。"
   "你能这样做吗?把积木搭起来。"

8. 正面鼓励孩子的尝试与成功。比如说:
   "奥斯汀,干得好!"
   "你搭起了两块积木。"
   "哎,掉下来了,再试试,你一定能行。"

☀ 成长亮点

尽管孩子眼下用一只手的时候多,但他们正在发展使用双手的能力。所以孩子很喜欢要求使用双手的搭积木游戏。典型的动作是把积木叠成塔,然后推倒。在这个过程中,观察孩子的面部表情,有的孩子特别以推倒积木为乐。

换个花样

✌ 使用小块的木质积木或一套积木里的方块。

补充信息

✌ 在给孩子选择积木的时候,必须仔细。起初要选择方块或矩形积木,因为它们容易堆叠。圆形积木难以叠起,应日后再用。所以,一开始拿走圆形积木可以避免让孩子灰心,并为孩子创造成功的学习体验。

过障碍

发展目标

✔ 完善平衡技巧　✔ 增强眼足协调能力

材料

❏ 可以放平的梯子

❏ 隧道

准备

✌ 选择一块平坦、方便照看的草地。清空场地上的杂物,将梯子与隧道放在场地中央,保证所有的器材都平放在地。

教养策略

1. 准备带孩子外出时,讨论这个新活动,可以说:
   "卡卡,你可以先爬过一个隧道,然后跨过一架梯子。"
   用神采飞扬的声音与孩子交流。

2. 来到户外后,先观察孩子对器材的反应与行为。

3. 出于安全考虑,每次只允许一个孩子通过隧道。跨过梯子的孩子数量视梯子的尺寸而定。事先说明和强调这些规定是十分必要的。你可以说:
   "每次只能进一个,这条隧道是单人隧道。"
   "卡卡,你等一下,已经有两个人在跨楼梯了。"

4. 如果必要的话,你可以示范如何在梯子的横档之间走动。示范动作的同时,可以用言语强调:
   "我在梯子中间跳着走,这需要技巧的哦!"
   "在梯子横档之间跨着走,需要时刻保持平衡。"

5. 正面强调孩子们的努力与成就,可以在一旁说:
   "你从隧道里爬出来了。"
   "平衡感不错! 你走过了梯子。"

成长亮点

孩子的体形随着成长而变化。在出生的头一年里,婴儿的个头大约比出生时增加50%。比如说,一个出生时 22 英寸长的孩子在 1 岁时,可长到大约 33 英寸。随着活动的增多,幼儿的肌肉也发育得很快。经过几个月的行走,他们的站姿也发生变化,从一开始的外八字转成脚尖朝前。尽管孩子已经开始走路,当他们需要快速到达某个地方时,有时还是会回到爬行的方式。因为对他们来说,爬比走要快。

换个花样

✌ 如果手头没有隧道,用一条毯子盖在某件东西上,可以创造出类似隧道的构造。

安全事项

❶ 出于安全考虑,在孩子跨过梯子的时候要格外小心照看。因为这很容易让孩子失去平衡或扭伤脚踝。

七巧板

发展目标

✔ 加强拿捏技巧 ✔ 继续完善精细动作

材料

❏ 2套木制七巧板,最好带提钮

❏ 儿童桌或茶几

准备

✌ 清空一张小桌,然后把七巧板放在桌上。从中取出一块放在一旁。

教养策略

1. 当孩子想找东西时,把他领到桌边,然后说:

   "保罗,看看桌上是什么?你可以玩七巧板。"

2. 向孩子示范,如何一片接一片地取出七巧板块。当孩子拿取的时候,和他讨论这些玩具。

3. 重新放置七巧板的时候,鼓励孩子照做,可以这样说:

   "你正取出一块七巧板。"

   "现在你拿出两块了。"

4. 当孩子重新拼七巧板的时候,可以在一旁用语言指导说:

   "保罗,转一下,这个方向就对了。"

   "这块是圆的,在里面找找圆形的位置。"

5. 正面的鼓励可以帮助孩子集中注意力,并花更多时间进行这个活动。比如说:

   "保罗,干得好!就差一片了,你真是个玩七巧板的高手!"

   "完成了!你动作真快!愿意再拼一套吗?"

☀ 成长亮点

随着幼儿手眼协调能力的增强,他们已经能够用手拼七巧板了。七巧板除了能够提高动作技巧外,也能提高语言能力。举例来说,不同颜色的概念能够被介绍并重复。而且,也可以同时教会幼儿"上、下、内、外"的空间概念。

换个花样

✌ 可以把七巧板放在远离交通要道的户外地面上玩。

✌ 使用其他类型的拼图游戏

补充信息

✌ 对幼儿而言,十分简单并带提钮的拼板游戏更合适。他们缺乏拿起普通拼板的精细肌肉协调技巧。除此之外,这个发展阶段的孩子最适合玩三到五块的拼板游戏。当孩子的动作能力更细化时,你可以提供片数更多、提钮更小的拼板游戏给孩子玩。

买东西

发展目标

✔ 完善平衡技巧　✔ 增强协调能力

材料

❏ 如果可能,准备一架儿童尺寸的超市购物车

❏ 不同人种的娃娃

❏ 图画纸、记号笔

准备

✌ 把一个娃娃置于购物车内,如果不是在家玩,可以制作一块"推车归还处"的告示牌。

✌ 把牌子挂在墙上,把小推车停在牌子下。

教养策略

1. 观察幼儿如何试推小车。

2. 你可能需要事先申明使用购物车的注意事项。比如,提醒孩子去规定区域采购。

3. 鼓励孩子带上娃娃一起去采购,可以这样说:

"莎莎,你的娃娃在哭呢,你需要去买点吃的东西吗?"

注意:你可以根据手边的材料来提示孩子买点什么。

4. 夸奖孩子推车的动作,比如:

"你在用手推车慢慢推着娃娃走呢。"

"你在店里买了这么多东西呀,可真够忙的。"

5. 当孩子买完了东西,鼓励他把车子还到"推车归还处"。这能培养孩子的独立精神,同时学会对他人财产的尊重。你可以指示或直接走到那里,说:

"买完东西就把车还到这里。"

"来帮忙打扫房间,把推车还到归还处。"

6. 谢谢孩子把车子送还。

☀ 成长亮点

需要大面积锻炼肌肉和协调全身的活动,对孩子来说更有趣味(Bukato & Daehler, 1992)。这些活动包括推手推车、堆盒子、骑木马或拉小车。

换个花样

✌ 在户外使用购物车能增加挑战性。因为带轮子的玩具在草地、沙地和不平的路面上比较难推。

补充信息

✌ 在申明使用事项的时候,语气要正面。换句话说,多强调允许的行为,如"边走边推"、"慢慢地推车"。

造塔

发展目标

✔ 完善手眼协调能力 ✔ 继续发展大动作技巧

材料

☐ 4—5个尺寸相同的盒子

准备

✄ 为避免孩子被划伤或刮伤，事先在盒盖边沿、折角处包上胶带。如果条件允许，可用彩色贴纸把盒子装饰一番。

✄ 把盒子放在一个开放场地，以吸引小朋友的注意力。

教养策略

1. 先观察幼儿如何摸索这些盒子。

2. 描述孩子的行为，可以说：

   "依依，你把盒子排成了一条线。"

   "你把两个盒子叠起来了。"

3. 鼓励孩子叠一座塔，可以建议说：

   "你可以把盒子一个一个往上叠。"

   "看看你可以叠多高？"

4. 如果需要，用动作配合语言，一手摸着一只盒子，一边说：

   "依依，把这只盒子放到那只上面。"

5. 鼓励孩子和你一起建宝塔，比如说：

   "依依，我来帮你的忙。盒子挺重的，让我们一起搬。"

6. 表扬孩子搭宝塔时付出的努力，同时夸奖他与你的合作：

   "在依依的努力之下，一座高塔建好啦！"

   "你的塔有三层。"

☀ 成长亮点

幼儿的上半身较重，因此，他们走路的时候脚趾向前，身体左右晃动。刚开始，他们移动缓慢，而且经常跌倒。尽管如此，随着平衡感的增强，他们的重心不再集中在上半身。随着发育的逐步成熟，他们的步伐也加快了。

换个花样

✌ 也可选择不同大小和形状的盒子。

补充信息

✌ 幼儿喜欢搬运、叠搭物品。向他们提供轻质的盒子可以鼓励这样的行为。装复印纸的盒子特别适合这个年龄段的孩子，因为这类盒子轻巧结实。除此以外，这项活动能激发社交行为，鼓励孩子与他人互动。

洗手

发展目标

✔ 学习用力互搓双手　✔ 学习洗手时的自理技巧

材料

- ☐ 液体香皂
- ☐ 一次性纸巾
- ☐ 如果可能的话,一块洗手步骤图文海报
- ☐ 洗手池

准备

✌ 如果可以制作一张洗手海报,按顺序标明洗手的每一个步骤,图片越多越好。

✌ 把这张海报挂在水池边,高度和孩子的视线持平。

✌ 如果洗手池不止一个,在每一个上面都挂一张。

✌ 确认洗手的步骤:1. 打开水龙头,水温适中;2. 打湿双手;3. 滴洗手液;4. 用力搓双手 10 秒钟;5. 冲洗手腕至指尖的泡沫;6. 擦干双手;7. 关掉水龙头。

教养策略

1. 先把孩子带到洗手池边或浴室里。

2. 以海报为指导,口头加实际行动教孩子——照做。换言之,一步一步地教。先开水龙头,必要的话,用示范动作配合语言,一边解释一边教孩子。

3. 在孩子用力搓揉双手的环节,唱以下歌曲,这有助于延长孩子搓手的时间,更彻底消灭细菌。
   "洗呀洗,洗小手,每天洗手笑嘻嘻;洗左手,洗右手,边洗小手边唱歌。"

4. 整个过程都要给予孩子正面的鼓励,比如说:
   "萨拉,你的小手洗得真干净!"
   "两只手都已经擦干了。"

☀ 成长亮点

孩子必须养成洗手的习惯,尤其是在吃东西之前和换尿布之后。这个阶段,他们的手掌和手指动作协调已经大有进步。这个活动是他们学习自理的第一步。

换个花样

✌ 歌曲可以按照实际情况随意改编,比如在按洗手液泵嘴的时候,唱"按按按,按三下"。

补充信息

✌ 因为幼儿这时已经可以站稳,所以能够在水池前练习洗手的正确步骤。

✌ 幼儿可能在一段时间内还无法独立完成洗手的所有步骤。但现在就开始学习有助于培养正确的技巧和态度。

爬楼梯

发展目标

✔ 练习走上楼梯　✔ 练习走下楼梯

材料

❑ 最好是带扶手的练习楼梯

准备

✌ 找一个方便照看的区域。

✌ 清空场地，铺开垫子，把楼梯放在垫子上。在楼梯周围做好安全防护措施。如果没有练习楼梯，可以在小心照看的前提下选择家里的楼梯。

教养策略

1. 当幼儿走近楼梯时，凑上前去。

2. 观察孩子如何练习走楼梯，如果需要，提供一定的协助。

3. 在诚实评价孩子当下行走能力的同时，尽可能多地正面表扬孩子，可以这样说：

   "佳佳正紧紧抓着扶手呢，这样才安全。"

   "抬起一只脚，再跟上一只脚，这样就能走上楼梯了。"

4. 为了保护孩子的安全，事先强调注意事项，比如说：

   "佳佳，要抓牢扶手，两只手都要抓紧扶手。"

   如果孩子不愿意，必须告之此番行为的后果是：

   "不拉住扶手，就不能上楼梯。"

   如果孩子还是照旧，就把她抱离扶梯，同时说：

   "不拉扶手是不能上楼梯的。"

   "不拉扶手不上楼梯，你可以下次再来练习。"

☀ 成长亮点

大多数孩子在一岁左右学会走路。一旦学会走路，楼梯就对他们产生了巨大的吸引力。上楼梯是一门重要的技巧。你可以观察一下他们的动作，他们会先踏上一只脚，然后把另一只脚也放上同一级台阶。两脚交替踏上楼梯的动作出现较晚。同样的，他们也是先学会上楼梯，再学会下楼梯。

换个花样

✌ 练习上下楼梯时，也可以让孩子一手拉着你的手，另一只手拉着扶手。这也是鼓励孩子拉住扶手的一种方法。出于安全考虑，此时要格外多协助孩子。

补充信息

✌ 因为生长发育的个体差异性，当有的孩子开始练习走楼梯时，有的孩子还在练习爬。

注意事项

❶ 考虑到安全问题，绝不能让孩子在无人看管的情况下接近楼梯。

手指画

发展目标

✔ 继续发展精细动作　✔ 通过触觉探索进行学习

✔ 体验因果关系

材料

❑ 单色的无毒手指画颜料　❑ 儿童桌或茶几

❑ 勺子　❑ 纸巾

❑ 海绵　❑ 容器

❑ 塑料桌布　❑ 围兜、围裙或工作罩衫

准备

✌ 清洁一张儿童桌，如果条件允许，直接舀一勺颜料在桌上。或先在桌上铺一块塑料桌布。在容器里注满微温的水，放入一块海绵，再把容器放在附近。

教养策略

1. 先帮孩子穿上围兜或工作罩衫，然后把孩子的袖子卷起来。

2. 让孩子坐上椅子，置于桌前。然后介绍这个游戏说：

   "洛洛，你可以用你的手在桌上画画。"

   "用你的手指头把颜料抹开。"

3. 告诉孩子这种颜料是怎么用的，然后说：

   "洛洛，你在画画呢。"

   "在用一根手指调颜料。"

4. 为了促进语言的发展，在描述活动时可以教一个新词，具体情况视孩子的词汇量而定。

   在孩子玩耍的时候，重复该词几遍。例如，这个新词是"挤压"，你可以说：

   "洛洛，你在挤颜料，挤呀挤。你笑了，挤颜料很好玩吧。"

5. 和孩子一起画，边画边描述你和孩子的画法哪里相同，哪里不同，比如说：

   "洛洛正在画一幅画，你在画圈圈，我在画线条。"

   "我们是好朋友，我们一起玩。"

6. 当孩子画完了，用纸巾擦干他的手，然后再带他到水池边冲洗干净。

☀ 成长亮点

手指画是一种能够刺激孩子感官的活动。它包含了视觉与触觉刺激。而且，孩子通过它体验了因果关系。颜料随着手掌和手指的移动而变幻，手充当了画笔和工具。

换个花样

✌ 事后在桌上按一张纸，你就可以得到一幅反印画。把孩子的作品展示在墙上、告示板或冰箱上。

✌ 只有在孩子做好活动准备后，再把颜料倒在桌上。

✌ 也可利用剃须膏来代替颜料。

补充信息

✌ 海绵用于画画时的及时清洁。

注意事项

❶ 幼儿喜欢故意弄乱东西或把东西放进嘴里。所以现场必须严加照看，以防孩子把颜料或剃须膏吃进嘴里或弄进眼睛。虽然颜料是无毒的，但仍可能造成胃部不适。

晾衣夹

发展目标

✔ 继续发展精细的肌肉协调能力
✔ 完善拿捏能力

材料

❏ 鞋盒
❏ 10 枚晾衣夹

准备

✌ 为活动清空一个场地。
✌ 根据自己的需求用彩色贴纸装饰鞋盒。把 9 枚晾衣夹放入盒子，剩下的 1 枚夹在盒子边缘。对幼儿来说，这能提示这个活动的目的。

教养策略

1. 观察幼儿看到材料后的举动。
2. 你可以在一旁照看，但要让孩子独立完成。
3. 如果孩子主动与你互动，要立即响应。如果孩子用声音来表示挫败感，你也要用语言表示支持，你可以说：

   "鸥鸥，夹子掉了，重新捡起来。"

   "你很用心呢！"
4. 当孩子把所有衣夹都夹在盒子边沿上后，用手指着一枚一枚数下来。这不仅可以把语言和你的动作联系起来，还可以培养数字概念。
5. 当孩子接近完成时，正面表扬孩子一番，可以说：

   "鸥鸥，这个游戏你玩得很认真。"

   "你把所有夹子都整整齐齐排好了。"
6. 鼓励孩子让一切材料恢复原位，可以说：

   "把所有夹子放回盒子吧。"

☼ 成长亮点

孩子在收拾自己玩具的过程中，学会的是责任感。所以在他们结束游戏的时候，要鼓励他们收拾好东西。当然，这时你也需要在语言和动作上协助他们。同时不应忘记正面表扬他们，这有利于他们培养独立和责任感，并把这一习惯保持下去。

换个花样

✌ 用一个圆形的容器来代替鞋盒，比如冰激凌盒。
✌ 如果幼儿想尝试一个新的挑战，可以使用木制衣夹。

补充信息

✌ 幼儿可能还缺乏足够的气力和技巧来成功地拾取木制衣夹。6—8 个月后，他们会逐步掌握这门技巧。

学步车

发展目标

✔ 练习向前走　✔ 继续练习平衡技巧

材料

❏ 学步车

准备

✌ 清理掉路上的障碍。

教养策略

1. 观察孩子如何探索学步车。需要的话,在活动前就约法三章:

   "西西,你推着学步车要慢慢走。"

   "撞到桌子了,往后倒一点。"

   "绕开人走。"

2. 如果学步车被挡住了,帮助孩子解决问题,可以说:

   "西西,把车子往后拖一点。"

3. 必要的话,用行动强调你的话,你可以伸手拉一下学步车,并说:

   "车子被卡住了,往后倒一点就行啦!"

4. 用正面的鼓励来教孩子正确使用这个玩具,可以说:

   "西西,你可以一边走一边推学步车。"

   "多谢你,绕过了椅子。"

5. 鼓励孩子在走完以后把学步车推回到墙边,比如说:

   "西西,把车子放回到墙边。"

☀ 成长亮点

对还没有开始走路的孩子来说,鞋子是不必要的。鞋子可能阻碍脚的发育,也会让孩子较难保持平衡。鞋子会让孩子的脚趾难以抓住脚下的地面。不过,已经学会走路的孩子可以穿上舒适、合脚、防滑的鞋子,以提高安全系数。

换个花样

✌ 在户外使用学步车。

补充信息

✌ 对这个年龄的孩子来说,这是一个非常精彩的活动,能让孩子享受到自己眼下的灵活性和机动性。这个活动能让他们对自己的大肌肉运动充满自信,同时加强解决问题的能力。

开开关关

发展目标

✔ 协调拍手的动作　✔ 模仿成年人的动作

材料

❑ 告示板
❑ 记号笔

准备

✋ 如果你能记下这首手指谣,则不需要其他准备材料。如果你尚不能背出整首歌谣,又必须带一组孩子,可以做一张海报,把词写在上面。这可以作为一个有效的教学工具,帮助成年人组织这一活动。

教养策略

1. 慢慢向孩子们介绍"打开"和"关上"的动作两遍,看看哪个孩子在模仿你的动作。
   "打开,关上;打开,关上;打开,关上;我们一起拍小手;
   打开,关上;打开,关上;打开,关上;这有一群小豆豆。"

2. 介绍这首手指谣的时候,可以说:
   "我们边拍手边念。"

3. 慢慢背诵这首手指谣,用微笑、手势和声调高低变化来分享你的热情。

4. 正面的激励孩子可以提高幼儿表演的兴趣,可以说:
   "做得太好啦! 你们又学会了一首新的手指谣,我听见你们拍小手了!"

5. 如果孩子们有兴趣,可以重复玩一次。

☀ 成长亮点

拍手是一项很难掌握的技巧。尽管他们可能已经练习了几个月,但效果还是不能尽如人意。这项技巧不仅要求手眼协同,身体两侧的配合,对时间的掌控也很重要。

换个花样

✌ 当孩子拍手动作逐渐熟练,可以延长歌词,完整歌词见附录F。

补充信息

✌ 如果现场还有别的孩子或兄弟姐妹,鼓励他们一起参加。

✌ 观察哪些是孩子最喜欢的手指谣和歌曲,可经常和孩子们一起重复游戏。

舀沙子

发展目标

✔ 体验粗糙的材质 ✔ 完善精细动作技巧

材料

- ❑ 大塑料收纳盒
- ❑ 干净的沙子
- ❑ 金属勺子
- ❑ 整杯量杯、1/2 量杯
- ❑ 扫帚、畚箕或吸尘器

准备

✌ 在收纳盒中装入 1½ 到 2 英寸深的细沙，把勺子和量杯放在沙上。

✌ 选择一个方便照看的区域，清理场地，铺一层塑料桌布，把沙盒放在布上。

✌ 把畚箕、扫帚和吸尘器放在方便取用的地方。

教养策略

1. 当孩子准备开始游戏时，申明基本注意事项，比如说：

   "佳佳，沙子只能在盒子里玩。"

   "用勺子、杯子舀着玩。"

2. 观察孩子如何探索这些工具。

3. 必要的话，鼓励孩子使用工具或建议不同的使用方法，可以说：

   "佳佳，用勺子把杯子装满。"

   "用大拇指来拿杯把。"

4. 为刺激触觉和语言的双重发展，提问沙子的触感如何，可以说：

   "沙子摸上去感觉怎么样？"

5. 响应孩子的语音和手势，将谈话继续下去，比如说：

   "佳佳，摸摸看，沙子是硬的。"

   "沙堆有高有低。"

6. 继续给予正强化，以促进适宜行为的持续出现，比如说：

   "佳佳，你把两个杯子都装满了，用的是勺子。"

   "你玩得很开心，把两个杯子都装得满满的。"

☀ 成长亮点

幼儿对带触觉体验的游戏都是兴致勃勃的，比如玩沙、玩水。这种体验也有助于释放压力。

换个花样

✌ 如果孩子够高，可以把沙盒放在一张小桌上。

补充信息

✌ 在沙里加少量水，可以让沙更方便处理，也能提供一种全新的触觉刺激。

语言沟通

13—18个月

身体儿歌

发展目标

✔ 增强语言接受能力

✔ 通过开口讲话提升自我表达能力

材料

☐ 记号笔

☐ 索引卡

准备

✔ 如果需要，事先把歌词抄在卡片上，揣在口袋里。

教养策略

1. 当幼儿显然有兴趣学习新东西时，自然而然地唱起这首儿歌。

2. 向孩子介绍这首儿歌时说：

   "杰杰，我们来玩一个游戏，指给我看，你的头在哪里。"

   停顿一下，说：

   "太棒了！现在指指你的膝盖在哪里。"

   然后自己边唱歌，边帮助幼儿指出全身对应的部位。

3. 重新把歌唱一遍，边唱边示范，指点身体各个相应部位：

   "脑袋、肩膀、膝盖和脚趾头，

   膝盖和脚趾头。

   眼睛、耳朵、嘴巴和小鼻头。

   脑袋、肩膀、膝盖和脚趾头，

   膝盖和脚趾头。"

4. 鼓励孩子和你一起唱这首歌，可以说：

   "杰杰，和我一起做。"

   "让我们一起来！"

5. 当孩子从口头和行动上都加入到活动中来时，正面表扬孩子：

   "杰杰，你在和我一起唱！我听到你说脚趾头。"

   "你所有的动作都做对啦！你真棒！"

6. 如果孩子显得兴致勃勃，重复一遍游戏。

☼ 成长亮点

大多数孩子在一岁左右已经能够将词汇和其表达的意思联系起来。这时候，他们开始累积词汇。当他们 18 个月大的时候，词汇量会爆发式增长（Cawley，1997）。

换个花样

✔ 重复唱这首歌，可以融入其他孩子和家庭成员。

补充信息

✔ 演唱歌曲的时候，速度要缓慢，方便孩子跟上和参与。

✔ 当孩子学会以后，可以适当加快节奏。

这是什么

发展目标

✔ 将声音和发出声音的东西联系起来

✔ 增强语言表达能力

材料

❑ 录音机和空白磁带（录音笔和计算机、话筒也可）

❑ 发出声音的对象照片（数码照片也可）

准备

✌ 录制生活环境中的 4—5 种声音，如微波炉的声音，录制的时候，在不同的声音中间留有停顿，好让孩子辨识。然后，为发声的对象一一拍照。

✌ 需要的话，把拍摄的照片在告示板上一一展示，并用透明胶纸覆膜，提供保护。

✌ 选择一个有桌椅的活动场地，一旁应有插座。

✌ 鼓励孩子独立游戏，在播放键上粘绿色圆点，停止键上粘红色圆点。

✌ 把录音机和照片放在桌上。

教养策略

1. 当幼儿显然有兴趣做游戏的时候，可以介绍说：

   "卡卡，我们来做个游戏，叫猜声音。看看你能不能把声音和东西对上号。"

2. 协助孩子播放录音，可以说：

   "绿色代表播放，按这个绿色键。"

3. 用语言配合行动，可以边按绿色键边说：

   "现在开始播放。"

4. 当第一段录音播放完毕，问孩子：

   "卡卡，听，刚才是什么？"

   将孩子的注意力引向桌上的图片，说："是哪样东西发出了刚才的声音？"

5. 如果孩子还未辨认出来，不要播放下一段声音，按暂停键，并用语言描述你的行为：

   "卡卡，我按了红色的键，是暂停的意思。录音机暂停，好让你来找出声音的来源。"

6. 协助孩子用语言来描述、定义照片，比如说：

   "这是微波炉，是用来热牛奶的，热好了以后它会叮地叫一声。"

7. 如果孩子选对了声音所对应的图片，多加表扬，可以说：

   "卡卡答对了！"

   "没错，这是真空吸尘器的声音！"

8. 如果孩子没有答对物品，你也可以继续游戏，建议孩子来播放录音。

☀ 成长亮点

这个阶段的孩子很以因果关系的游戏为乐。注意观察，你会发现他们热衷于开关电视机或收音机。他们也喜欢敲打物品发出声音和拍水玩。所以，孩子也会喜欢辨别声音。

换个花样

✌ 可以和一组孩子重复这个游戏。

✌ 当孩子已经能够辨识录制下来的所有声音后，增加声音的辨识难度。

补充信息

✌ 可以录制孩子生活小圈子以外的声音，比如狗吠声、汽车喇叭声和火车汽笛声等等。

我们一家人

发展目标

✔ 口头辨认家庭成员

✔ 从照片中认出自己时表达兴奋情绪

材料

❑ 家庭成员照片

❑ 彩色纸张、羊毛线、记号笔

准备

✎ 收集家庭成员的照片。

✎ 每张彩色纸上贴一张照片，并写明图片注释，务必包含上面所有人的姓名。需要的话，可以用打孔机给这些彩页左侧打洞，用羊毛线进行三孔装订，制成一本影集。

✎ 把影集放在孩子容易拿到的地方。

教养策略

1. 当孩子拿起这本影集时，先观察他的行为。

2. 向孩子提有关照片的问题：

　"莎莎，照片里有谁?"

　"波波是你的哥哥，他在照片里干吗?"

3. 鼓励孩子开口回答你的问题，而不是用手势，比如说：

　"这是谁?"

　"莎莎，你的小狗叫什么?"

4. 正面的鼓励可以让孩子多讲讲有关照片的事情，比如说：

　"你用自己的话告诉了我很多事情。"

　"是的! 这是你的妈妈。"

5. 描述孩子对影集的反应，可以说：

　"莎莎在照片里看到自己就兴奋起来了。"

　"你笑了，一定很喜欢这本影集吧。"

6. 如果孩子希望，把影集从头到尾再翻一遍。

☀ 成长亮点

　尽管正式讲话是逐步开始的，但大多数孩子的语言能力在 18 个月大的时候会经历一次大爆发。研究表明，幼儿的词汇量取决于他们听到不同词汇的次数。所以，成人向孩子提供丰富的、与他密切相关的语言环境十分重要。

换个花样

✎ 可利用杂志上的动物、食品、服饰照片来为孩子制作类似的书。

✎ 在你为孩子读过两到三遍后，允许孩子自己读书。

补充信息

✎ 幼儿很喜欢指认照片里的家庭成员。这项活动不仅可以刺激语言发展，也有益于情商培养。例如，孩子有分离焦虑的时候，可以用照片来转移孩子的注意力。

✎ 这个年龄段的孩子懂得多，但能说出口的少。这时他们的语言接受能力是强于表达能力的。

童言童语

发展目标

✔ 扩展语言表达能力

✔ 练习理解电报式语言对话

准备

💧 理解孩子正在说什么，观察各种行为暗示。

教养策略

1. 每当和孩子在一起的时候，利用各种机会和孩子交谈。通过每天的固定环节，例如吃点心等，可以达到非常好的谈话效果。

2. 趁孩子吃点心的时候，可以聊聊就近的事，比如问：

   "布布，刚才你在外面做什么？"

   "你玩球玩得开心吗？"

3. 孩子的回答随他的语言能力不一而不同。有的孩子可能会用自己发明的语言。如果是这样，你可能只听得懂一个词，就这个词继续和孩子展开对话，比如孩子回答：

   "啊，球球，嗯嗯。"

   你可以响应：

   "对，我记得你玩球来着。你还把球滚下坡了。你踢球了没有？"

   如果孩子使用一种电报式语言，就需要你把它扩展成一句更完整的句子。

   例如孩子说：

   "洗娃娃。"

   你可以响应：

   "你给娃娃洗过澡了，好玩吗？"

4. 如果现场不止一个孩子，鼓励另一个孩子加入对话。可以把话题集中到孩子们共同做过的事情上，接上一个例子：

   "玛丽，我看到你也把球滚下坡了。你踢球了吗？"

   你需要把两个人的回答联系起来，然后继续：

"你们俩都没有踢球，那怎么让球滚下去的呢？"

5. 只要可能，尽量延长谈话的时间。当你感觉到这个话题已经无话可说，就换一个话题。

☀ 成长亮点

大约15个月大的时候，孩子会对语言学习越来越感兴趣。他们更经常地要求你念书给他们听。你在说话的时候，他们会盯着你的嘴看。所以，这是语言发展的关键时期，应多向幼儿提供图书、录音、娃娃以及最重要的：你的声音。

换个花样

💧 谈话的时候也可以描述幼儿的行为，为以后的谈话提供更多语言技巧。

补充信息

💧 作为成年人，你应经常提问。尽管多数情况下你是自问自答。

💧 可使用更多复杂的句子。研究表明，多听复杂句子的孩子也倾向于多用这些句子。

上哪儿去了？

发展目标

✔ 练习提问
✔ 使用表述性语言来得到想要的东西

准备

✌ 观察孩子是否有互动的欲望。

教养策略

1. 对孩子发出的互动信号给于响应。这种信号可能包含触碰身体或重复一个词或词组。例如孩子说：

   "毯子。"

   可以针对毯子延伸出以下问题：

   "多多，你的毯子在哪里？"

   "你的毯子不见了？"

2. 帮助孩子解决问题，可以这样问：

   "你的毯子哪里？"

   如果孩子没有响应，你自己再口头回答刚才的问题：

   "你把它留在小床上了吗？"

   "我刚刚还看到你在床上抱着毯子，我们上那儿去看看。"

   然后带着孩子去找东西。

3. 用语言描述你的行为，可以这样说：

   "我正在找你的毯子，没找到。我们再到别的地方去看看。"

4. 当孩子努力解决问题的时候，提供正面的表扬，可以说：

   "多多，谢谢你帮着我一起找毯子。"

   "咱们找着了，真开心！"

☀ 成长亮点

在12—18个月之间时，幼儿开始学会提问。不过，他们很少用"哪儿"、"为什么"、"什么"这样的词来提问。他们更多地是用声调变化来提问。所以，你必须非常认真地观察孩子的说话方式，以明白孩子真正的意思。

换个花样

✌ 重复这个活动，可以强调让孩子使用其他的词汇。

补充信息

✌ 记住，当你和婴幼儿谈话的时候，拉高声调，这样特别能抓住他们的注意力。

✌ 在和幼儿谈话时，模仿父母那种儿化的讲话方式十分实用。简化的表述和重复的字既可以一直维持他们的注意力，也可以刺激语言的发展。

动物的叫声

发展目标

✔ 继续发展语言接收技巧　✔ 口头分辨指认动物

材料

❏ 介绍动物的图画书

准备

✌ 把图画书放在容易吸引孩子注意力的地方。

教养策略

1. 当孩子选择看书的时候,观察孩子的行为。

2. 询问孩子是否可以让你一起读。仔细观察孩子发出的各类非语言信号。比如说,如果孩子摇头或不看你,你就说:
   "也许你想自己一个人看。"
   如果孩子朝你微笑或把书递给你,你可以问:
   "莎莎,你愿意坐在我的腿上一起看吗?"

3. 先读故事的标题,问孩子:
   "你猜这个故事讲的什么?"
   每次提问后,总要留给孩子一些时间,让他思考如何作答。

4. 开始讲故事。

5. 为提升孩子的语言水平,可以通过提问让整个阅读充满互动。可以说:
   "莎莎,小猫咪是怎么叫的?"
   "这是什么动物?"(指着图片问)

6. 对孩子的回答和动作给予大力表扬,比如说:
   "莎莎,你指着小猪呢。"
   "答对了,小猫喵喵叫。"

7. 如果孩子感兴趣,把故事再读一遍。

☼ 成长亮点

　　重复孩子的发音是一种促进语言发展的重要技巧。当你重复他们的发音时,让他们感觉到自己的意思已被理解。比如,当孩子说了一个字"车",你立即把这个字扩展成一句完整的句子。例如:"正确! 这是一辆车,一辆红色的车。"

换个花样

✌ 自制一本书,可用杂志上剪下的动物、物品和人物图片。

补充信息

✌ 对孩子使用短句,孩子更容易学会语法。不过,也不要完全不使用完整句。

✌ 幼儿会慢慢发展出一种幽默感。因为书中有趣的对话会让了解动物叫声的孩子觉得格外有趣。

开口指物

发展目标

- ✔ 继续发展语言表达能力
- ✔ 将词汇和事物联系起来

准备

✌ 让孩子在吃点心前先洗干净手。

教养策略

1. 试图让孩子和你进行有关点心的对话,比如说:

   "保罗,今天我们拿什么当点心呀?"

   "香蕉是打哪儿来的呀?"

2. 端出点心的时候,说说吃点心的规矩。例如:

   "吃东西的时候要坐在桌边。"

   "你可以吃三片香蕉和两杯牛奶。"

3. 鼓励孩子开口表达自己的愿望。比方说,当孩子指着牛奶时,说:

   "保罗,你想要什么呀?"

4. 就孩子的回答帮他补充完整。例如,孩子开口说:

   "还要。"

   你可以说:

   "你还要牛奶对不对?"

5. 对孩子的口头表达进行表扬:

   "你能自己开口告诉我要什么了。"

   "多谢你能开口。"

☀ 成长亮点

有些音节对孩子来说是比较难发的。但对大多数孩子来说,他们会慢慢掌握这些发音。因此,并没有太大必要去催促孩子纠正自己的发音。所以如果孩子说"贝贝"而不是"杯子","蕉蕉"而不是"香蕉",完全应该理解。只要你继续向他们示范标准读音即可。

换个花样

✌ 语言上的交流与互动应该每天都进行。

补充信息

✌ 有关实际生活的交流贯穿着每一天。重复孩子的发音很重要。这能让孩子感到自己的发言被倾听,而语言具有非常重要的作用。

照亮东西

发展目标

✔ 开口指物　　✔ 继续发展语言表达能力

材料

☐ 手电筒(孩子多的话,每人一个)
☐ 透明胶带

准备

✍ 事先把手电筒装电池处用胶带封好,以防电池被取出。

教养策略

1. 在孩子们把玩手电筒的时候,介绍一下这个新玩具,你可以说:

   "这些是手电筒,你们以前见过吗?"

   停顿一下,让孩子们回答。然后继续说:

   "手电筒可以发光。看,我打开开关,然后就能用光照着小老鼠。现在轮到你们了,你们能用光照着什么?"

2. 观察孩子们与光束的互动。

3. 和孩子们讨论他们照亮的东西。你可以根据对每个孩子的了解,灵活运用。例如,如果你知道某个孩子已熟悉某对象名称,可以鼓励孩子说出来:

   "娜娜,那是什么?"

   "告诉我,你用光照着什么?"

   换言之,如果你知道某个孩子缺乏某个名词的知识,你可以说:

   "娜娜,你拿光照着的是门把手。"

4. 在你说明物品名称后,可以用具体触摸的动作再次强调你的话:

   "这是一个门把手。"

5. 当孩子已经比较熟悉手电筒后,在开始介绍增加手电筒亮度的方法。其中之一就是熄灭房间里的灯。

6. 当孩子能够正确指认某物品时,加以表扬:

   "是的,这是个小木偶。"

   "说得对! 这是只香蕉。"

☀ 成长亮点

在语言发展过程中,社交互动是非常关键的因素。对幼儿来说,成年人是主要的语言仿真对象。所以,丰富的语言环境和互动能够同时促进语言的表达和接受能力。

换个花样

✍ 当成年人主导该活动时,可以用手电筒照向新鲜事物,以刺激幼儿语言表达能力的发展。

✍ 要增强幼儿自身的语言表达能力,用手电筒去照孩子熟悉的事物。

补充信息

✍ 当你熄灭手电筒时,要记得拉开窗帘或打开百叶窗,以防止孩子对幽暗环境产生恐惧。

✍ 出于完全考虑,幼儿不可以玩电池。

触觉书

发展目标

✔ 继续发展语言表达能力
✔ 将触觉体验和词汇联系起来

材料

☐ 三块尺寸为 3×5 英寸的布料,材质分别为绸缎、裘皮、法兰绒或灯芯绒
☐ 为每块布料准备一张 4×6 英寸的卡纸,并另准备两张卡纸做封面和封底
☐ 打孔机
☐ 钥匙圈
☐ 胶泥
☐ 记号笔

准备

✌ 在每张卡纸左上端打一个孔。
✌ 用胶泥把每块布料粘在一张卡纸上,尤其是布料的四角,都用胶泥加以固定。
✌ 用记号笔在一张卡纸上写上书名,比如《我们的触觉书》,在另一张纸上写上"完"。
✌ 一切准备就绪,把卡片从封面、内容至封底排列整齐,用钥匙圈穿过卡纸左上角的小孔,把卡片合订起来。

教养策略

1. 当孩子选择翻开这本书的时候,观察他对每种材质的反应。注意看他是否对某种材质有特别的偏好。
2. 和孩子谈谈此书:
   "托托,这很柔软,摸摸看,这让我想起拿到毯子。"
   "摸摸这块布,感觉起伏不平。"
3. 为了让孩子也参与对话,可以这样提问:
   "手指头摸上去是什么感觉?"
   "还有什么东西摸上去感觉和它一样?"
4. 正面的激励能让孩子有更多联系语言表达的机会,可以说:
   "是的,这个很光滑。"
   "这摸上去和我的衬衫一样。"

☀ 成长亮点

幼儿首先学会的都是和自己息息相关的词汇。向他们介绍与他们生活无关的东西,他们是很难记住的。所以要把学习重点放在日常事物上。

换个花样

✌ 也可以用其他东西代替布料。例如,可以把沙子、鹅卵石或砂纸粘在卡纸上。出于安全考虑,不要忘记在每一页上喷一层清漆或覆盖一张透明胶纸。

补充信息

✌ 针对每一种材质,介绍或强调一个形容词。这能帮助孩子把触觉和语言联系起来。可以根据手头的材质介绍"粗糙"、"光滑"、"不平"或"毛茸茸"等词汇。

触摸之旅

发展目标

✔ 继续发展语言表达能力　✔ 口头指认事物

准备

✌ 观察孩子,一旦发现需要你的关照,就把孩子抱起来开始活动。

教养策略

1. 绕着房间走动,一边触摸房间里的各种东西,一边鼓励幼儿开口讲出你正在触摸的对象名称:

   "米米,这是什么?"

   "我在摸什么?"

2. 每提问一个问题后停顿一下,可促使孩子响应。如果孩子没能回答出来,根据你对孩子的了解来决定接下来的步骤。例如,孩子没能说出物品的名称,你可以一边摸一边介绍:

   "这是微波炉,是用来热牛奶的。"

3. 为了促进谈话技巧,可以就熟悉的事物额外问些问题,比如说:

   "你可以拿球来做什么?"

   "让我看看,如何给这些不同形状的积木分类?"

4. 正面的热情鼓励可以让孩子继续说下去。可以这样表扬孩子:

   "再给我讲讲有关球的事。"

   "太棒啦! 米米,这块积木可以放进圆洞。"

☀ 成长亮点

一岁生日过后不久,幼儿开始说带两个词的句子。这些句子主要用来表达需求和想法。孩子通过开口说话来告知成年人他们的要求。比如"我的牛奶"、"妈妈再见"和"都好了。"

换个花样

✌ 也可以在户外进行类似的指物活动。

补充信息

✌ 指认的物品必须出自幼儿熟悉的生活环境。

擦写板

发展目标

✔ 在一张纸上涂画　✔ 通过艺术进行交流

材料

- ❏ 一大块白板
- ❏ 一个塑料盒
- ❏ 一块湿海绵
- ❏ 透明塑料板或一大张透明胶纸
- ❏ 一套无毒马克笔
- ❏ 工作罩衫

准备

✌ 将塑料板或透明胶纸固定到白板上。将白板挂在画架、墙壁或冰箱上。

✌ 将马克笔都集中放在塑料盒中,放在白板边。把沾湿的海绵也放在一旁。

✌ 给孩子看看工作罩衫,让他明白你的意图。

教养策略

1. 当孩子选择这个活动时,观察孩子的行为。

2. 需要的话,先介绍一下这个活动。因为很可能你需要解释一下海绵的用途。作为示范,你可以先在板上画一笔,然后擦掉,说:

   "你可以用马克笔在这张很特别的纸上画画,然后用海绵擦掉。"

3. 当孩子开始玩的时候,你可以在一旁描述你看到的,比如说:

   "天天,你在画一个红色的圈圈。"

   "这儿有条长长的绿色线。"

   "这些是起起伏伏的曲线。"

4. 鼓励孩子和你聊聊自己的创作,问一些开放性问题,比如说:

   "天天,向我介绍一下你的画好吗?"

   "你的画都画了什么?"

5. 谈论一下湿海绵的因果作用。可以说:

   "天天,你把绿色的部分擦掉了。"

   "看,红色的圈圈完全不见了。"

6. 详细描述孩子的情感表达,例如说:

   "你在笑了,你喜欢写啊擦啊。"

   "怎么一张苦瓜脸呀,是一下子擦掉太多了吗?再用笔添上吧。"

☀ 成长亮点

过了一岁,孩子的词汇量开始突飞猛进。语言的发展会随着孩子的活动能力变强、经验增多而飞跃,尤其是孩子生活中的人、事、物陡然增加了。因此,孩子的成长变得迅速。12个月大的时候,孩子通常能掌握 3 个词。15个月大的时候,词汇量能增加到 22 个。大约 18 个月大的时候,词汇量就接近 100 了 (Snow, 1998)。

换个花样

✌ 可以用手指画颜料来代替马克笔在白板上画画。

✌ 也可以使用粉笔。

补充信息

✌ 这个活动不仅可以促进书写交流技巧,也可培养情商。这让孩子变得自信,因为他们可以修改自己已经写好的东西。

用完点心，收拾一下

发展目标

✔ 服从简单指令　✔ 继续发展语言接收技巧

材料

❑ 食品托盘

准备

☝ 像平时一样准备点心，将托盘置于桌子中央，用来收拾用过的碟子等。

教养策略

1. 当你和孩子一起吃点心的时候，先讨论一下桌上的托盘。可以用开放性的问题来鼓励孩子的发散性思维，比如：

   "这盘子是干什么用的?"

   "为什么有个盘子在这儿?"

2. 接受和讨论孩子的回答。例如孩子回答：

   "颜料。"你可以说：

   "我们用盘子装颜料吗?"

   "你看到这里有颜料吗?"

3. 只要一有可能，就重新把话题导向点心与盘子之间的关系上来。例如问：

   "这个盘子在我们吃点心的时候，可以派什么用处?"

4. 响应孩子的话，鼓励他把谈话继续下去。

5. 当孩子吃完点心时，向他解释托盘的用处，说：

   "这个盘子是用来收拾脏碟子的。等你吃完了，就把你的杯子、碗、调羹都放在托盘上。"

6. 提醒孩子吃完点心后帮忙收拾。比方说：

   "莎莎，把你的杯子放到托盘上，然后去洗手。"

7. 用行动配合你的话，可以在重复指令的时候指导孩子做每一步。比方说，帮助孩子把杯子放在托盘上，一边说：

   "莎莎，把杯子放在托盘上。"

8. 正面的赞美可能让孩子独立完成整个任务，你可以说：

   "莎莎，吃完点心你收拾得很干净。"

   "真是一个好帮手。所有东西都收拾好了。"

☀ 成长亮点

仔细倾听幼儿的话，他们的很多词汇都高度概括。他们会把任何四条腿的动物，例如牛、马，都叫作狗。刚开始，孩子对一个词只有一到两种解释。逐渐地，他们会为一个词添加新的含义。不过到了最后，他们会根据成年人的定义来调整自己的定义概念。

换个花样

☝ 可以整天都进行这样的"听从指令"活动，尤其是在日常生活的小细节上，比如洗手、收拾玩具、穿衣外出等。

补充信息

☝ 年幼的孩子可以同时服从 2—3 个简单指令。不过，如果孩子照做有困难，也可以一次仅下一个指令，慢慢增加指令数量。

☝ 你的指令应简单而直接。

把蛋放进篮子里

发展目标

✔ 理解"满"和"空"的概念

✔ 继续发展语言表达技巧

材料

❏ 5—6个塑料彩蛋

❏ 2个装蛋的篮子

准备

☝ 把蛋集中在一个篮子里，然后把两个篮子放在方便取用的地方。

教养策略

1. 观察孩子是如何探索篮子和蛋的。

2. 如果孩子不明白该怎么做，就向他介绍一下活动内容：

   "卡卡，先把这个篮子清空，把蛋统统拿出来，然后再装进去。"

3. 你可以先示范一遍。凭借第二个篮子，先把第一个篮子腾空，再装满。

4. 用语言配合行动，描述你和孩子的行为，说：

   "卡卡，现在这个篮子是满的。"

   "让我看看，你如何清空它。"

5. 通过提问，来检验孩子是否理解"空"和"满"这两个概念。比如：

   "你能把篮子腾空吗？"

   "怎么才能把这个篮子装满呢？"

   "现在你的篮子是空还是满？"

6. 正面的鼓励可能延长孩子的活动时间，你可以说：

   "卡卡，干得好！你的篮子装得满满的。"

☀ 成长亮点

倾听孩子的话。他们最早说的词通常是名词，而且和他们喜欢或熟悉的东西有关。其中比较典型的词包括：猫、狗、不、去、球和车。而且这些词往往出现叠音，如猫猫、狗狗、球球和车车。而且，新学会的词多数是一个一个出现的。以后，孩子逐步学会动词、形容词、副词和介词(Snow，1998)。

换个花样

☝ 可以用孩子喜欢的球、积木和小车来代替彩蛋。

✌ 也可以用6个塑料蛋和一个蛋盒来替代篮子。

补充信息

☝ 幼儿很喜欢清空和装满东西的游戏。向他们提供这类活动能减少他们去倒空其他容器的可能性。而且，他们通过这种活动学习了不同物体的体积大小概念。

☝ 孩子稍大也更富有经验时，可以增加一个环节。例如数一数篮子里的东西数量，或指出每样东西的颜色。

红豆粥、绿豆粥

发展目标

✔ 培养节奏感　✔ 继续发展语言表达技巧

材料

❏ 一大块白板

❏ 马克笔

❏ 透明胶纸

准备

✌ 先做教案,把儿歌抄在白板上。

红豆粥烫,

绿豆粥凉,

粥放在锅里时间长。

有人喜欢烫,

有人喜欢凉,

有人说先要尝一尝。

✌ 在白板上覆一层透明胶纸。

✌ 把白板挂在方便看到的地方。

教养策略

1. 把孩子抱在大腿上,或坐在一个方便照看孩子的地方。

2. 需要的话,自己坐在方便看到提示板的地方。

3. 一边慢慢背诵儿歌,一边根据节奏拍手。

4. 鼓励孩子和你一起拍手,比方说:

"凯特,和我一起拍吧。"

5. 对孩子的努力和成就多加赞美,可以说:

"凯特,咱俩在一起拍手呢。"

"你笑得真开心,跟着节奏拍手最棒了!"

"你在和我一起念儿歌呢。"

6. 只要孩子有兴趣,就反复背诵下去。

☼ 成长亮点

当幼儿能够用两个词组句时,他们就已经初步有了语法知识。这是语言发展的重要里程碑。一种电报式的语言,一句话只有几个词,而词的排列又模仿成年人的语言,这就是幼儿这个时期的语言特征。

换个花样

✌ 也可拍手背诵其他喜爱的儿歌,参考附录 F。

补充信息

✌ 喜爱的儿歌应反复唱诵。这种反复能够刺激语言表达能力的发展。一个词听到的次数越多,就越可能被模仿。

认知水平

13—18 个月

藏在哪只手？

发展目标

✔ 寻找一件藏起来的东西
✔ 通过反复尝试解决问题

材料

☐ 一件玩具，大小足以让你藏在手心里

准备

✌ 如果孩子想玩些新鲜的东西，告诉他你有一个新游戏。

教养策略

1. 先介绍这个游戏说：

   "小玉，我会把这个玩具藏起来，看看你能找到吗？"一边说，一边让孩子看看玩具。

2. 把双手放在背后，将玩具在两手间传递几次。用兴奋的声音说：

   "你猜猜玩具在哪里？"

3. 把玩具藏在一只手里，双手都捏成拳头，然后向孩子伸出两只拳头问：

   "小玉，猜猜小车在哪只手？用手指出来。"

4. 当孩子用手指的时候，用语言描述一下，比方说：

   "你猜是在我的右手里。"

   "你指的是我的左手。"

5. 打开孩子指的那只手，如果孩子答对了，用兴奋的声音夸奖孩子：

   "小玉，你找到小车啦！"

   "你很会玩这个游戏嘛！"

   如果孩子选择的是空手，就用失望的声音回答：

   "不对，这只是空手，再试一次。"

6. 只要孩子有兴趣，就重复这个游戏多次。

☀ 成长亮点

这个时期，孩子能够意识到某件不见了的东西就藏在某处。他们会花很多时间去寻找它。而且，他们会逐渐记住，不见了的东西藏在什么地方。你可以试一下，把一件玩具藏在包里，孩子通常会记住，而且也会去翻找。

换个花样

✌ 让孩子把玩具藏在手心里，你来找。

注意事项

❗ 绝不能让孩子在无人照看的情况下玩那个玩具。因为如果玩具小到足以藏在你的手心里，便足以被孩子误吞造成窒息。所以一旦结束这个游戏，就收好玩具，放在孩子够不到的地方。

积木分类

发展目标

✔ 注意观察平面形状　✔ 根据外形将物品分类

材料

- ❑ 10 块圆形积木
- ❑ 10 块方形积木
- ❑ 两个不易碎的收纳盒，一个圆形，一个方形
- ❑ 儿童收纳桌或茶几

教养策略

1. 当孩子选择这个游戏时，仔细观察孩子的行为。可以问一下自己，孩子对积木的反应是什么？

2. 如果孩子开始搭积木，可以鼓励孩子继续，例如说：

   "小艾，你已经搭起三块积木了，真是一座高塔啊！"

   等孩子搭完了，就可以介绍这个活动了。

3. 先讨论一下积木的形状，可以指着积木说：

   "这里有两种形状，一种是方的，一种是圆的。"

4. 鼓励孩子根据积木的形状进行分类，例如说：

   "让我们把方块都放在这一堆。"

5. 当孩子进行分类时，热情表扬他，可以说：

   "小艾，看这一大堆方形积木。"

   "你把所有圆形积木都放在一起了。"

6. 如果孩子自己没发现方形和圆形的收纳盒，给孩子看一下，并问：

   "我们可以拿这个来做什么？"

7. 当孩子把积木放进收纳盒的时候，数一下方形和圆形积木的数量。

8. 只要孩子有兴趣，就继续这个游戏。

成长亮点

孩子需要有挑战性的材料与经验，而根据年龄阶段和能力状况选择合适的玩具材料与游戏又是很重要的。如果过早给孩子一些他们以后才会感兴趣的玩具和材料，他们反而会拒绝它们，因为玩具太过超前，孩子是不会喜欢的。

换个花样

✌ 介绍方块与圆形积木不同的颜色。

✌ 为增加挑战性，可使用正方形和长方形积木。

补充信息

✌ 幼儿会很快地把注意力从一个活动转到另一个活动。不过，他们专注于一个活动的时间也在不断延长中。感兴趣的话，他们可以为某个活动花费 5—10 分钟。而你的陪伴经常能延长他们的参与时间。

面团

发展目标

✔ 通过触感来探索游戏材料

✔ 增加信息量，扩充现有的知识结构

材料

☐ 一盒玉米淀粉

☐ 水

☐ 量杯

☐ 凹面小桌或塑料盘

☐ 工作罩衫

准备

✌ 把一盒玉米淀粉倒在凹面小桌或塑料盘上，加少量水，然后用一把调羹或手指进行搅拌。混合物达到一定浓稠度，可在手上捏握成形即可。

✌ 把工作罩衫放在桌边，以示提醒。

教养策略

1. 当孩子想玩这个游戏的时候，如果需要，帮孩子穿上围兜或罩衫。

2. 和孩子讨论桌上的材料，包括触感，你可以说："沃沃，今天你可以捏面团，它可硬可软，感觉很好玩的哦。"

3. 如果孩子显得犹豫，给他足够的时间来探索。

4. 如果孩子始终不主动，你可以示范一下。将一块面团抓在手里把玩，然后用语言描述你的举动，你可以说："看，我正在用手指头戳面团，感觉硬硬的。"

5. 如果孩子是怕脏，可以向他示范用水和肥皂很容易就能把手洗干净。

6. 正面的激励可以让孩子放开手去玩，可以说："沃沃玩得很认真。""捏啊捏，你在用手捏面团。"

☀ 成长亮点

在这个时期，孩子运用手和手指的能力发生微妙变化。渐渐地，他们对材质的控制力增强，对各种物体也更善于把握。通过多重的感官功能，孩子学到各种新知识：外观、触感、运动方式、反应等。

换个花样

✌ 让孩子协助你一起将玉米粉、水调和，揉搓成面团。这将是非常独特的体验！

✌ 也可用其他材料，如沙子或刮胡膏。

补充信息

✌ 如果密封冷藏，面团可以保存一个星期。不过再次使用前，需要加点水。

✌ 如果一个孩子对玩面团不甚积极，可帮他戴上手套，不用光手。

注意事项

❶ 本活动需要成年人全程看护，以防刮胡膏不慎进入孩子眼睛或被误食。

形状分类

发展目标

✔ 根据形状区分物体

材料

❑ 带三种不同形状的形状分类箱

❑ 儿童桌或茶几

准备

✌ 将一张儿童桌或茶几收拾干净,把玩具里的形状块都取出,放在一边。

教养策略

1. 当孩子选择这个游戏时,观察孩子的行为。

2. 当孩子拿起形状块时,在一旁用语言描述,例如:
   "蒂蒂,你正拿着一块三角形,它一共有三条边。"
   "这是一个圆,所以是没有角的。"

3. 用语言鼓励孩子把形状块一一放入盒子,可以说:
   "在盒子上找一找圆形孔,穿过孔就能把圆形放进去了。"
   "找一找三角形。"

4. 如果需要,你可以先示范如何将一块三角形放进盒子,说:
   "三角对三角。"

5. 正面的鼓励可能会让孩子多玩一阵,你可以说:
   "蒂蒂,你把所有的圆形都放进去了。"
   "干得好! 所有的形状块都放进去了。"

6. 如果孩子显得有兴趣,就让他独自玩耍。

☀ 成长亮点

在这个发展阶段,孩子开始有了空间位置的概念。为了促进这个发展,可以在和孩子玩拼图、形状块的时候,介绍"上"、"下"、"里"、"外"这些词。

换个花样

✌ 当孩子准备充分时,可以使用形状多于 3 种的形状分类箱。

✌ 让孩子玩简单的拼图。

补充信息

✌ 对孩子给予鼓励时,多使用空间概念词,详见成长亮点。

袋子里有什么？

发展目标

✔ 用现有的方法解决一个问题　✔ 辨别声音

材料

☐ 布袋，例如枕头套

☐ 几个响铃

准备

✌ 把响铃放在布袋里，然后把布袋放在一个安全而且容易拿到的地方。

教养策略

1. 如果孩子想玩游戏，把布袋拿来，然后介绍一下这个活动。可以摇一下这个袋子，吸引孩子的注意力，说：

   "多多，袋子里是什么？"

2. 鼓励孩子运用自己的语言表达技巧，说：

   "猜一猜，袋子里是什么？"

3. 对孩子的发言和手势、表情都予以正面鼓励，可以这样说：

   "多多倒是很会猜呢！"

4. 然后鼓励孩子用手或手指来摸索一下袋子里的东西，你可以解释说：

   "让我们来用手摸一摸。"

   "这下能猜到袋子里的是什么吗？"

5. 再一次正面表扬孩子的表现，说：

   "多多，非常好！现在咱们轮流用手把袋子里的东西拿出来。"

6. 叫孩子的名字，说：

   "多多，从袋子里挑一样东西，然后用手把它从袋子里拿出来。"

7. 问孩子：

   "多多，你找到了什么？"

8. 如果孩子没有回答，你来说出物品的名称，比方说：

   "你找到了一个红色的响铃。"

9. 如果还有别的孩子在场，鼓励孩子一起参与这个游戏：

   "你在袋子里找到相同的东西了吗？"

10. 不管孩子说什么，都予以回应。

❋ 成长亮点

　　这个年龄段的孩子很喜欢藏东西的游戏。他们会通过交流指定你来扮演游戏中的一个角色。孩子可能会递给你一个响铃作为示意。他也可能一边看着你，一边拾起一个响铃晃动。通过这些举动，孩子希望你参与游戏。

换个花样

✌ 可以在袋子中放入不同的物品，例如球、积木、小车等等。

补充信息

✌ 当物品从袋子里取出后，幼儿可能更好地用语言来辨识它们。这完全和他们现阶段的语言表达能力有关。所以，不要花太多时间在猜测环节上。当孩子的谈话技巧更上一层楼后，自然会花更多时间在猜测环节。

做布丁

发展目标

✔ 观察物体的变化过程　　✔ 听从简单指令

材料

❑ 带图文指示的布丁制法
❑ 搅拌碗、打蛋器、小碗若干
❑ 量杯、勺子、调羹
❑ 简易布丁粉

准备

✌ 感兴趣的话,事先准备一张布丁制法卡。

✌ 把所有工具材料放在一个托盘上,然后把盘子拿到活动桌边。

✌ 如果是在幼托中心举办这个活动,在桌上放一张提醒洗手的卡,这能通知孩子在活动开始前做好准备。

教养策略

1. 提醒孩子们,在做布丁前必须先洗手:
"在做吃的之前,我们要先洗手。"
"莎莎,先去洗手间一次,把手洗了。然后我们再开始做布丁。"

2. 介绍这个活动,说:
"今天我们一起来做布丁。"

3. 响应孩子的发言,可以一起讨论布丁的味道和口感。

4. 如果有事前准备,介绍一下制作流程,向孩子们展示配方的图文卡片,宣读一遍。

5. 协助孩子完成各项步骤,多用语言指导,少动手帮忙。例如:
"莎莎,用两只手拿住量杯,很好,做得好!一滴牛奶也没有泼出来。"

6. 可以经常参考流程卡:
"让我们看看制作方法,看看下一步该做什么。"

7. 整个活动中穿插一些开放性问题,以鼓励孩子们交谈,比方说:
"莎莎,放在碗里的干粉应该怎么处理?"
"怎么去掉布丁糊糊里的硬块?"
"你最喜欢什么口味的布丁?"

8. 一旦布丁准备完毕,感谢孩子的协助,然后让孩子去洗手。

9. 把布丁糊分进不同的小碗,放进冰箱,然后等待点心时间。

☀ 成长亮点

让孩子参与饮食制作过程可以传授重要的技巧。其中包括了色彩、形状、大小和数字等基本概念。通过探索相同与不同的事物,可培养质疑能力。而且,孩子在观察到干湿食物混合到一起的结果,会学到变化的概念。

换个花样

✌ 可在香草和巧克力布丁中加入香蕉。

补充信息

✌ 幼儿正开始培养独立精神。你可以用简单的烹饪活动来促进这一特点的发展。而且对挑食的孩子来说,准备点心也是鼓励尝试不同食材的好方法。

惊喜袋

发展目标

✔ 通过触摸区分不同物体

✔ 将名称与物品联系起来

材料

❏ 彩色礼品纸袋

❏ 6件普通玩具,如球、积木、小车等

准备

✌ 将6件物品都装入彩色纸袋,然后把袋子放在孩子容易拿到的地方。

教养策略

1. 当学步儿选择这个游戏时,观察他的行为。

2. 鼓励孩子不往纸袋里张望,仅仅凭触感来辨认物品,比方说:

"小威,把手伸进袋子里去,摸到什么了?"

"用你的手指去感觉一下。"

3. 在打开袋子公布谜底以前,鼓励孩子猜一猜摸到的是什么:

"你手上是什么? 感觉是怎么样的? 在你看以前先猜一猜。"

4. 接下来让孩子看一看,验证一下之前的猜测。

5. 夸奖孩子的努力和成功尝试,可以说:

"小威,真的是个球! 你猜对了!"

"毛茸茸的摸上去像小熊,不过是只鸭子。"

6. 如果孩子觉得游戏有点难度,可以稍微改变一下游戏方式,让孩子去找球。不过之前还是要鼓励孩子用手指去触摸、感觉物体。

7. 只要孩子感兴趣,就继续游戏。

☀ 成长亮点

认知和语言的发展是相互重叠的。学习辨认物品就是其中一例。孩子在完善自己的认知水平时也在完善记忆力和分类技巧。就语言能力而言,孩子在学习将名称和物品对应起来,并通过语言表达技巧进行交流。

换个花样

✌ 可建议孩子先自己找玩具,然后一一放入纸袋。

补充信息

✌ 在孩子辨认出物品以前,鼓励他先慢慢摸索一番。

✌ 仔细选择放入袋子中的物品。刚开始,只选择熟悉的物品。孩子对这个游戏十分熟练以后,每次就添加一两件新物品。

配对游戏

发展目标

✔ 找到相同的物品　　✔ 培养视觉分辨能力

材料

- ❏ 从杂志或商品目录上剪下 5—6 种玩具图片
- ❏ 对应图片的玩具
- ❏ 两个篮子
- ❏ 胶水、卡纸、透明胶纸
- ❏ 儿童桌或茶几

准备

✌ 根据最大图片的尺寸裁切卡纸，然后往每张卡纸上粘一张图片。需要的话，可以在上面覆盖一层透明胶纸。

✌ 将图片统统放进一个篮子，相应的玩具放在另一个里。

✌ 把两个篮子都放在桌上，拿出一对实物和图片作为样本。

教养策略

1. 当孩子选择这个游戏时，观察孩子的行为。

2. 需要的话，先向孩子介绍一下这个活动，说：

"迪迪，这是一个配对游戏。你来把图片上的玩具找出来。先看着我，看到这里是一对了没有？它们都是小车。"

3. 必要的话可以帮助孩子一起找。用语言联系行动，描述你正在干什么？

"这里有一张球的图片，让我在篮子里找一个球。在这儿！球原来藏在这里！这下我有两个球啦！"

4. 鼓励孩子玩游戏：

"迪迪，轮到你啦！你来找一下。"

5. 孩子玩的时候，可以在一旁提供帮助，指出不同物体之间的差异，来促使孩子在视觉上的辨别能力发展，比如说：

"它们都是绿色的，但只有一只是青蛙。哪一只是会跳的青蛙？"

☀ 成长亮点

为了促进孩子的发展，在孩子即将放弃的时候介入，给孩子提供指导和暗示，能够帮助孩子学习。

换个花样

✌ 也可以单独使用类似图片进行配对。

补充信息

✌ 在玩配对游戏的时候，你应该仔细地选择图片，图片上的物品应该是孩子熟悉的。首先，物品之间应容易区别，比如一个球和一个响铃。当孩子熟悉这个游戏后，再根据分类来促进孩子认知水平发展，如动物类、交通工具类、食物类、服装类等。

红苹果、绿苹果

发展目标

✔ 辨认不同物品之间的相同之处

✔ 辨认不同物品之间的不同之处

材料

☐ 3 只不同颜色的苹果，绿色、红色和黄色

☐ 薄脆饼干

☐ 切苹果的小刀、碗、水、杯子、纸巾、托盘

准备

✌ 洗净苹果。

✌ 在一只大陶壶里注满水，把饼干放在碗里。

✌ 把准备材料清单上前 7 种物品统一放在托盘上，用点心时端出。

教养策略

1. 准备用点心前，先清理桌子。

2. 协助幼儿洗净手，在桌边找座位坐下，自己也洗手完毕。

3. 将托盘端上桌。

4. 让孩子看看苹果，然后问：

   "这是什么？"

   稍事停顿，再问：

   "它们都是一样颜色吗？"

   "你说，它们吃上去味道会一样吗？"

5. 将苹果切片，每次给孩子一种颜色的，让他尝一下味道。

6. 让孩子们讨论每种苹果的味道，使用"甜的"、"酸的"这些词。

7. 问孩子是否偏好某一种苹果的口味。讨论说某些人也喜欢这种苹果，而某些人喜欢另一种。

8. 给孩子饼干和水，以丰富点心的品种。一边吃，一边继续谈论苹果。

☀ 成长亮点

认知水平的发展关键是感知、存储、回忆和使用信息的能力。观察一下孩子，在这个发展阶段，他们对手头的每一件事都全神贯注。如果此时的活动设计合理得当，他们会很感兴趣。不过，如果给他们一个略显幼稚的玩具，他们也会心生厌烦，扭头而去。

换个花样

✌ 为增加挑战性，可以给孩子不同品种的水果当点心。

注意事项

❶ 特别注意，刀具必须远离儿童。

别让我……

发展目标

✔ 认识身体各个部位

✔ 将身体各个部位和各项功能联系起来

准备

👆 观察孩子是否有互动的兴趣。

教养策略

1. 每次只和一个孩子玩这个游戏。在照顾好眼前孩子的同时，也要注意到现场其他孩子。

2. 向孩子介绍活动时说：

   "小柯，我们用什么来说话呀？"

   停顿一下，说：

   "我们用什么来看东西呀？"

   停顿一下，说：

   "在这个游戏里，我希望你轻轻用手阻住我要做的事。"

3. 然后开始游戏，对孩子说：

   "别让我看见。"

   "别让我说话。"

   "别让我听见。"

   可用其他例子继续这个活动，比如微笑、吃东西、走路、触摸、亲吻、拥抱和挠痒痒。

4. 整个活动中，每当孩子轻轻遮住你正确的身体部位时，都要予以表扬。

   "小柯，你蒙住了我的眼睛！现在我看不见了。"

   "答对了！捂住我的鼻子我就闻不到了。"

   "你玩得很认真。"

5. 必要的话，也可以给予孩子暗示。比方说，如果孩子对触摸感到理解困难，你可以说：

   "小柯，我也用它来吃饼干哟。"

6. 只要孩子有兴趣，就继续这个游戏。

☀ 成长亮点

在活动中可以对换角色，让孩子来指导你遮住身体的各个部位。

换个花样

👆 如果有稍大的孩子在场，他们可能会想和幼儿玩这个游戏。

神秘的、消失的玩具

发展目标

✔ 完善客体永久性存在的概念
✔ 找到藏起的玩具

材料

❏ 卷筒纸纸芯
❏ 20英寸长绳
❏ 可放入纸芯的玩具

准备

✌ 将绳子穿过纸芯后,两头系在玩具上,形成一个环。然后打结,系牢玩具。

教养策略

1. 当孩子选择这个玩具时,观察孩子和玩具的互动。

2. 当玩具被扯进纸芯时,用兴奋的声音问:
   "莎拉,小鸭上哪儿去啦? 刚才还在这儿,现在不见了! 上哪儿去啦?"

3. 鼓励孩子寻找玩具,比方说:
   "找一找,会去哪儿了呢?"

4. 如果孩子看上去很困惑,你可以建议一个方法:
   "拉一下绳子,拉拉看,会发生什么?"

5. 如果玩具找到了,分享孩子的喜悦,可以边拍手边表扬他说:
   "莎拉办到了,你找到小鸭子了!"
   "是呀,让你给找到了!"

☀ 成长亮点

在孩子的大笑声中,也存在着一个发展过程。在一岁以前,孩子会对响亮的声音或身体刺激如挠痒痒报以大笑。而现在你可以观察到,孩子的笑更多是基于认知。在这个年龄段,他们开始对参与的事情发出笑声。在这个游戏中,当玩具受绳子牵引重新现身时,孩子通常会大笑。

换个花样

✌ 把玩具藏在其他东西后面,看孩子能不能找出来。
✌ 增加挑战难度,把东西藏在别的地方。

补充信息

✌ 对这个年龄段的孩子来说,找到消失的玩具是一项简单的任务。不过,重复这一行为也是学习的重要部分。

搭积木

发展目标

- ✔ 水平或垂直方向搭积木
- ✔ 根据大小将积木分类

材料

- ❑ 10块形状相同但分大小两种的积木
- ❑ 适合孩子身高的架子

准备

✋ 将积木都放在架子上，按大小分组。

教养策略

1. 开始搭积木的时候，让孩子自己先玩，你只在一旁观察。

2. 描述孩子玩积木的举动，可以说：

   "佳佳手里正抓着三块积木。"

   "你把四块长方形积木排成一列。"

3. 可以示范一下，如水平、垂直方向地搭积木，一边搭一边解释。

4. 鼓励孩子用新方法搭积木，比方说，当孩子手拿积木的时候，问他：

   "佳佳，你可以把积木排成一列吗？"

   "你能帮我搭宝塔吗？"

5. 玩得差不多时，将焦点集中在积木的大小上，提问：

   "你准备拿大的还是小的？"

6. 说明积木的大小：

   "佳佳，你拿的是小块的积木，那我来拿大的。"

7. 讨论积木该如何放置在架子上，可以说：

   "我把大积木都放在一起，看，它们大小都一样。"

8. 谢谢孩子帮你一起清理活动场地，可以说：

   "佳佳，谢谢你帮我一起收拾积木。"

   "真是个好帮手，这样下去就能继续玩啦。"

☀ 成长亮点

孩子学习搭积木的时候，和学习其他技巧一样，须通过模仿和练习。所以，你可以通过示范协助他们用新的方式去使用小手和处理玩具材料。在观察中，你会发现孩子在这个阶段喜欢去掌控事物。18个月大的时候，他们典型的行为是可以垒砌4块积木。到了24个月，随着技巧的娴熟，他们已经可以搭起7块积木了。

换个花样

✋ 在水平排列积木时，可以增加小汽车和小卡车玩具。

补充信息

✋ 玩积木的初级阶段是把积木拿在手里，了解它的长度或重量。水平或垂直搭积木的动作要发展得晚些。

藏宝 ....

发展目标

✔ 使用多种方法来解决一个问题

✔ 加深对客体永久性的认识

材料

❑ 可以藏起来的东西,比方 1 只响铃

❑ 3 条手巾

❑ 20 英寸长的羊毛线

准备

✌ 把羊毛线系在响铃上,把 3 块手巾放在桌上。然后把响铃藏在一块毛巾下,但让羊毛线露在外面。

教养策略

1. 选择这个活动的时候,先观察孩子的行为。

2. 通过从旁提问和发言来扩展孩子玩游戏的层次。比如,孩子是掀开手巾发现响铃的,就可以指着羊毛线问:

"可以,这根线是用来干什么的?"

这样可以鼓励孩子用一种新的方法来发现被藏起的玩具。

3. 从旁鼓励可以扩展孩子寻找玩具的兴趣,可以说:

"可以,继续找,你一定能找到。"

"你在很努力地找了,我就知道你能找到。"

4. 当孩子找到玩具的时候,要大力加以表扬,比如:

"可可果然办到了!"

"你把响铃给找出来了。"

成长亮点

根据 Piaget(1952;1977)的说法,认知结构或方案的产生是用来组织或阐明我们的经验的。所以认知结构是在人与环境的互动中发展出来的。这种观点因此被称为建构主义。因为孩子是通过自己的经历和经验来对世界进行认识,或"构建自己的现实"的。

换个花样

✌ 要减少挑战难度,可以只将玩具部分藏起。

补充信息

✌ 幼儿喜欢重复成功的活动体验,所以,在一天、一星期或一个月中,都可以重复同一个活动。

藏起小熊

发展目标

✔ 完善对客体永久性的认识
✔ 为了找一件藏起的东西,搜索第二个地方

材料

❑ 小熊玩具
❑ 3 条手巾

准备

👉 将 3 条手巾铺在桌上,把小熊藏在一条毛巾下。

教养策略

1. 如果孩子没想到,你可以主动邀请他参加这个游戏。
2. 简单介绍一下这个游戏:
   "路德,刚才我放了一只小熊在这儿,可现在找不到了。你能帮我找出来吗?"
3. 当孩子找到小熊的时候,大力表扬他一番,比方说:
   "路德,你找到小熊啦!"
   "加油!"
4. 增加游戏的挑战性,把熊先藏在一个地方,然后再换一个地方。在移动小熊的过程中,保证孩子能看到你的举动。
5. 再一次请孩子帮助你找小熊
6. 在寻找小熊的过程中,提供协助和鼓励,可以说:
   "路德一定能找到的。"
   "慢慢找,想想上次见到小熊时,它在哪里?"
   "仔细看,我知道你一定能找到的。"
7. 当孩子找到小熊的时候,激动地响应,你可以微笑拍手说:
   "你做到了! 路德,你找到小熊啦!"
8. 只要孩子有兴趣,就继续这个游戏。

☀ 成长亮点

根据孩子不断变化发展的需求而给予相应适当的协助,这也是一种技巧。刚开始向孩子介绍一项任务的时候,你可能需要直接地指导他。当孩子通过实践,能力渐长,你提供的协助则应相应减少。这时候,孩子开始自己承担更多责任。

换个花样

👉 藏起小熊和另一只动物玩具,然后让孩子寻找一种指定的动物。

补充信息

👉 活动的调整要从孩子的实际能力出发,不应给孩子过多压力。有一些压力可督促学习,但过多的压力只会减少孩子参与游戏的兴趣。

社交能力

13—18个月

音乐游行

发展目标

✔ 参加集体活动　✔ 与他人合作演奏音乐

材料

❑ 一整套铃鼓,足够孩子和成人每人一件
❑ 装铃鼓的箱子

准备

✌ 将乐器收在箱子里。
✌ 和孩子们团团围坐,然后介绍这个活动。

教养策略

1. 先给孩子们展示乐器,然后用语言描述如何使用,你可以说:

   "小莫,这些叫铃鼓。"

   "你们可以看我如何敲这些棒子,仔细听发出的声音。"

2. 在你给孩子们分发铃鼓以前,有必要申明一些规定,比如说:

   "铃鼓只能用来相互敲击。"

3. 如果照料的孩子多于一个,给在场的每个孩子发一根。

4. 当孩子们还坐着的时候,鼓励大家开始演奏音乐,可以说:

   "小莫,我们开始表演吧!"

   "你们可以演奏手里的乐器了。"

5. 对成功的表演动作加以表扬,你可以说:

   "我们在一起表演音乐呢!"

   "我们的音乐真好听。"

6. 当孩子已经熟悉了铃鼓的用法,请孩子站起来,然后跟着你一起在屋子里兜圈子。为吸引孩子的注意力,可以说:

   "小莫,我们来游行吧!站起来跟着我,别忘了一边奏乐。"

7. 在房间里边走边演奏音乐。只要孩子有兴趣,就一直继续。

8. 游行结束,走到箱子边把铃鼓放好,然后鼓励孩子们照做。

9. 总结活动时可以说:

   "小莫,我们一起表演了很棒的音乐哦!"

☀ 成长亮点

这个年龄的孩子喜欢有观众,而且开始发现自己与他人的区别。当他们努力学习掌握新的技巧时,非常需要你的掌声。

换个花样

✌ 也可以用沙球和腕铃来代替铃鼓。

补充信息

✌ 铃鼓是幼儿可以使用的第一类乐器,因为它们使用简单,不易损坏。幼儿是特别不易制造一个稳定的节奏的,但练习可以帮助他们发展这个技巧。

摇小船

发展目标

✔ 参与集体活动

材料

❑ 木质摇船

❑ 比船面积大的小垫子

准备

✌ 选择一个方便照看的区域,清空场地,放置垫子,然后把船放在垫子上。

教养策略

1. 当孩子选择这个活动时,带她来到活动区域

2. 帮孩子登上小船,你应当注意,在孩子上船时,稳住船身,不要让其摇晃。

3. 这时宣布注意事项,比如说:

   "小台,轻轻摇。"

   "摇船的时候要坐下。"

   "用两只手抓稳。"

4. 如果孩子是一个人在船上,建议他邀请一个朋友上船,可以说:

   "莎莉,小台需要有个人和他一起划小船,你愿意上来吗?"

5. 如果有第二个孩子参加活动,重复步骤 2 和 3。

6. 当孩子们一起晃小船的时候,讨论他们的动作,可以说:

   "莎莉和小台在合作摇小船呢!"

   "和朋友一起晃很开心吧,你们俩都在笑。"

7. 为刺激语言发展,当他们摇晃的时候和他们聊天。他们可能会喜欢钓鱼或坐真船这些话题。

☀ 成长亮点

在这个发展阶段,孩子开始显示对他人的兴趣。他们日渐增长的行动能力让他们开始接近其他孩子。观察他们会发现,他们会互相分享空间和玩具了。不过,他们仍然更愿意和你或其他成年人接触。

换个花样

✌ 可以在孩子摇船的时候,唱一首儿歌,比如《小白船》。

补充信息

✌ 这个年龄的孩子可能更趋向于各玩各的。

注意事项

❶ 为避免受伤,幼儿无论在船里还是在船外都应小心照看。

玫瑰花丛绕圈圈

发展目标

✔ 与成年人互动　✔ 参加小组活动

准备

✌ 选择一块松松软的户外草坪,或在室外铺一块毯子作为活动准备。

教养策略

1. 先仔细观察。如果你发现一名幼儿正在附近走动并无所事事,你可以邀请他过来和你做个游戏。

2. 如果孩子说没玩过,把游戏解释一遍,可以说:"我们一面唱歌一面围成一个圈走。当唱到最后一句我们一起躺下。"

3. 接着边唱歌边绕圈走,走时牵着孩子的手,当唱到最后一句时,咯咯笑着一起躺下。歌词是这样的:

   玫瑰花丛前

   我们绕圈圈

   一边还把花环编

   花瓣呀花瓣

   突然都不见!

4. 如果还有其他孩子在场,邀请他们一起玩。

5. 当孩子们彼此有了互动时,要积极表扬他们,比如说:

   "现在我们有四个人一起玩。"

   "丁丁和西西手拉着手。"

6. 只要孩子们有兴趣,就一直继续这个游戏。

☼ 成长亮点

在生命的第二年,孩子们开始对身边的人产生兴趣。通过你的协助,他们可以进行一些简单的接触。为了使最初的互动成为真正的经验,尽量减少参与游戏的人数。

换个花样

✌ 可以用 CD 机或录音机播放音乐。当音乐停止就指挥孩子们一起躺下。

补充信息

✌ 小孩子是非常喜欢这个游戏的!到头来他们会反过来主动要求玩这个游戏呢!

水轮

发展目标

✔ 平行游戏　✔ 对玩具表示所有权

材料

- ❏ 两个大收纳盒
- ❏ 水
- ❏ 4 个不同的塑料杯
- ❏ 两个水轮
- ❏ 工作罩衫、尼龙桌布、毛巾

准备

- ✌ 在地板上铺开尼龙布，防止打滑并保护地板。
- ✌ 在收纳盒内注入温水，大约 1—2 英寸深，每个盒子里再放进 2 个杯子和 1 个水轮，然后将孩子放在尼龙布上。
- ✌ 将工作罩衫放在盒子旁。

教养策略

1. 当孩子走近时，先帮他穿上罩衫，告诉他为什么需要穿罩衫：

   "米米，穿上工作衫你就不会弄湿衣服了。"

2. 观察孩子如何接触各种材料，可以建议新的玩法，比如说：

   "米米，你可以用水让这个轮子转起来。"

   "用杯子舀水。"

3. 如果有其他孩子在场，邀请他来玩另一个轮子：

   "塔塔，你想来玩另一个水车轮吗？"然后重复步骤 1 和 2。

4. 在一旁评论两个孩子如何玩着同一种玩具：

   "米米和塔塔都在玩水车轮。"

   "米米直接拿手来浇水，塔塔用杯子舀水。"

   "现在每个人都在用杯子舀水了。"

5. 如果有孩子拿了别人的玩具，要指出玩具的不同和"从属关系"。

   "这个蓝色的杯子是米米的，在他的盆里。"

   "塔塔，这个蓝色的杯子是你的，你们用的都是蓝色杯子。"

☀ 成长亮点

平行游戏能促进身份认知和社交发展。孩子须学习从属关系，自己的和他人的所有权。在培养亲社会行为以前，他们必须明了这点。

换个花样

- ✌ 也可用沙或土来玩水车轮。

补充信息

- ✌ 幼儿在学习独立的过程中，开始认识到哪些东西属于自己。你会发现分享能力此时尚未发展，所以你应提供每人一份玩具。
- ✌ 幼儿只能注意到物体的一种属性，比如色彩或形状。

画纸箱

发展目标

✔ 平行游戏　✔ 参与集体项目

材料

❏ 两个塑料盒,用来装水彩笔

❏ 两盒无毒、颜色可擦洗的水彩笔

❏ 大纸板箱、白色薄纸、透明胶带

准备

✌ 选择一个方便照看的活动区域。

✌ 在纸箱上覆白色薄纸,并用透明胶带固定,然后把盒子放在场地中。

✌ 检查每支彩色水笔,确保能够使用,然后将两套水笔分别置于两个塑料盒内。

✌ 将塑料盒放在纸箱的不同角落。

教养策略

1. 邀请一个孩子来画纸箱,比如说:

   "这个盒子是用来装饰的,你可以用这些彩笔来画。"

2. 必要的话,帮助孩子脱掉笔帽。

3. 观察孩子是如何使用彩笔的。

4. 需要的话宣布一下活动规则,比如彩笔不能乱放:

   "用完的彩笔要放回盒子里。"

5. 在一旁描述孩子的作品,可以用手指着说:

   "芭芭拉正在用红色画圆圈。"

   "你在画线条呢,长长的线和短短的线。"

6. 如果还有其他孩子在玩,可以指出:

   "芭芭拉和戴维同时在画纸箱子。"

   如果孩子是独自在玩,则说:

   "芭芭拉,你在一个人玩。"

7. 等孩子画完,在他的笔迹旁写上他的名字,方便孩子辨认自己对这个作品的贡献。

8. 游戏结束的时候对每个或每组孩子强调,大家一起完成了对箱子的装饰。比方说:

   "今天大家都很努力,每个人都动手帮忙,装饰了箱子。"

   "我们大家一起完成的!"

☀ 成长亮点

两岁的时候,孩子开始显露对玩具和财产的占有欲。如果有别的孩子拿了自己的笔或玩具,孩子会有反应,可能会从别的孩子手里把东西抢回来。这种情况发生时,要告诉另一个孩子这是他人的东西:"你拿了戴维的玩具,应该还给他。这里还有一支类似的蓝色蜡笔,你可以用这支。"

换个花样

✌ 为每一个孩子单独准备一个小一点的纸箱。

✌ 可用蜡笔或蛋白颜料来代替水彩笔。

✌ 也可以爬到纸箱里,用蜡笔或彩笔装饰纸箱内壁。

补充信息

✌ 和孩子讨论他们的艺术作品时,语言要有描述性,说说看到的颜色、形状、图案的大小、空间分布,换言之,将焦点集中在创作过程上,而不是最终成品上。

猜猜猜

发展目标

✔ 和成人一起做游戏　✔ 参与对话

材料

❑ 成人的袜子

❑ 可以藏进袜子的家常物品,如一块积木、一把勺子、一个球或一辆玩具车

❑ 儿童桌

准备

✌ 将一件东西藏进袜子,放在桌上,然后将其他物品放在袜子边。

教养策略

1. 和孩子玩游戏的时候问:

"袜子里是什么?"

2. 在让孩子看袜子里的谜底前,先尽量让他猜。

3. 如果孩子猜不出,可以建议他摇一摇或摸一摸袜子。而且,你也可以提供一些语言上的暗示,比方说:

"丁丁,这件东西可以滚哦。"

"它有轮子。"

4. 孩子猜完后,你可以自己把东西从袜子里拿出来,或鼓励孩子来取。在这个过程中,要表扬孩子:

"丁丁,你猜到了!"

"哦,它是像球一样可以滚动,不过是辆车。"

☀ 成长亮点

这个年龄的孩子喜欢有观众,也很享受重复的表演。他们也有了交流的欲望,所以在藏和找的游戏中,他们十分喜欢听到大人对自己的赞赏。

换个花样

✌ 鼓励孩子藏一样东西,然后让你来猜。

补充信息

✌ 幼儿喜欢猜物游戏。这种类型的游戏不仅能促进社交能力,也能提高认知水平以及语言上的沟通技巧。

跟我学

发展目标

✔ 模仿成年人的行为　✔ 参与小组活动

教养策略

1. 当一个孩子需要做游戏时,可以介绍这个活动:
   "我做什么你也做什么,跟我学。"

2. 接下来做以下动作:拍拍手、拍拍头、揉揉肚子、动动脚丫子,动作要缓慢,给孩子足够的时间来观察并模仿这些动作。

3. 对孩子的努力大加鼓励,可以说:
   "哇! 你拍脑袋的动作学得真像啊!"
   "刚才拍得真响!"

4. 如果还有别的孩子在场,却没有主动加入游戏,你可以邀请他一起玩,比如说:
   "彼得,你愿意和小艾还有我一起玩吗?"
   "茵茵、糖糖都想和你一起玩呢。"

5. 评论孩子们是如何在一起玩的:
   "彼得和小艾都在动脚趾头。"
   "茵茵和糖糖在跟我学。"
   "你们都在拍小手。"

6. 只要孩子显得有兴趣,就一直玩下去。

成长亮点

从一出生,孩子就是一种社会生物。通过与他人的社交互动,孩子们学习人际关系以及社会的各种价值观。因此作为一名保育员,你的行为会直接帮助或阻碍一个孩子的社会发展(Kostelnik,1998)。

换个花样

✌ 可以交换一下角色,让孩子主导,你来模仿他的动作。

补充信息

✌ 应仔细选择要模仿的动作,先从那些你平日已经从孩子那里观察到的动作开始,然后再介绍新动作。

碰一碰

发展目标

✔ 增强自我意识　✔ 与成年人互动

材料

☐ 可以照见全身的不易碎镜子

☐ 马克笔

☐ 索引卡

准备

✌ 把镜子竖在房间里,前面有足够的空间让你和孩子活动。

✌ 如果需要的话,事先把"碰一碰"的词写在卡上:

我碰碰我的鼻头;我的嘴唇和我的头,

然后是我的屁屁和脚趾头。

再碰碰我的下巴,碰碰我的膝盖,

于是你看见一个完整的小鬼头。

整个活动中如果需要提示,可以看卡片。

教养策略

1. 当孩子需要一个游戏的时候,告诉他你有一首新儿歌,然后把孩子带到镜子前。

2. 先让孩子指出儿歌中不同的身体部位,比方说: "马力奥,你的头发在哪儿?"鼓励孩子看着镜子里的动作。

3. 当孩子能够正确指出身体部位时要予以表扬,可以说:

"正确。"

"做得对! 我看见你对着镜子指着头发了。"

"马力奥做得很棒!"

4. 然后开始念儿歌,要慢慢重复每句话,好让孩子跟上。

5. 当孩子熟悉以后,就可以加快节奏了。

6. 只要孩子有兴趣,就反复念这首儿歌。

☀ 成长亮点

触碰对建立和维持人际关系来说是很重要的。对年幼的孩子来说,也是一种有效的工具。如果孩子需要指导,要用关切的姿态,让自己处在孩子的视线水平,身体前倾,神态放松,流露出对孩子的兴趣。可以轻轻触碰孩子的胳膊来吸引他的注意力,然后提供恰当的指导。

换个花样

✌ 也可以不念词,仅重复动作,观察孩子是否会模仿你。

✌ 唱儿歌的同时应密切观察孩子,根据孩子的反应来随时调整唱歌速度,好让孩子有充裕时间来碰指定的身体部位。

友谊树

发展目标

✔ 参加集体活动　✔ 与成年人互动

材料

❏ 一张绿色图画纸,尺寸比桌面略大

❏ 棕色图画纸,剪成树干形状

❏ 湿海绵或毛巾

❏ 透明胶带、两个塑料盒、蛋彩红颜料

❏ 洗手液、工作罩衫、儿童桌

准备

✌ 搬走桌边的椅子。

✌ 将绿色大纸铺在桌上,并用透明胶固定。

✌ 将洗手液和颜料混合,搅拌至适当厚度,然后装进塑料盒。将两个塑料盒分别放在桌子的一侧。

✌ 把工作罩衫放在一旁,提醒孩子穿上。

✌ 把树干贴在墙上。

教养策略

1. 当孩子准备参加活动时,帮他卷起袖子,穿上工作罩衫。

2. 需要的话,先向孩子介绍这个活动,可以这样说:"我们现在来做一棵友谊树,每个人都在这张纸上画画。你可以用手指来画,等我们画完了就把画贴在墙上。"

3. 当孩子"工作"的时候,在一旁观察。

4. 讨论孩子是如何用手指和手掌来作画的,可以说:"拉歇尔,你在用两只手将颜料抹开。""你印了两个手印上去。"

5. 一边画一边和孩子聊聊友谊树,指出作画需要每个人的合作。

6. 湿海绵或毛巾是用来擦去随时可能滴下的颜料的。

7. 当孩子画完,帮他洗掉手上的颜料。

8. 当每个人都画完了,及时把颜料放到安全的地方晾干。

9. 等到画纸上的颜料干透,将纸剪成树冠的形状,然后贴到墙上树干的上面。

☀ 成长亮点

在这个阶段,自我意识开始持续发展。孩子开始区分自己和他人。当提到玩具时,他们会用"我"或"我的"这些词。实际上,他们甚至会搂住别人的东西宣称是"我的"。这种行为会持续,因为分享玩具是一项比较难学的技巧。2岁半到3岁的时候,孩子开始更多地与他人分享玩具。同时,成年人的协助和监督也是至关重要的。

换个花样

✌ 可以将海绵切成苹果形状作为绘画工具,或直接从文具店或网店购买苹果形状海绵。

补充信息

✌ 这项活动必须始终有人在场监管,以免颜料被弄得到处都是。不过可以随意涂抹也恰恰是孩子们的兴趣重点。他们通过这种活动来进行感官体验。

✌ 限制活动的参加人数可能是必要的,一切取决于现场一共有几个孩子和孩子们的兴趣。你可以让孩子们分批参与,然后限制每组人的游戏时间。

自由摇摆舞

发展目标

✔ 参加多人活动,至少有 2 名儿童　✔ 平行游戏

材料

❏ 舞曲的磁带或 CD

❏ 录音机或 CD 机

准备

✌ 给音乐播放器插上电源,放在儿童够不到的地方,随后放入 CD 或磁带,选择一支适合跳舞的曲子。

教养策略

1. 清空场地,至少集合两个孩子,然后介绍这个活动说:

   "我有一只很特别的舞曲,我们一起来听音乐,然后一起来跳舞。"

2. 播放音乐,开始跳舞。

3. 建议不同的舞蹈动作,可以蹲下或跟着节拍跳舞;躺下或随着音乐扭动身体;坐着拍手或随着音乐节奏摇摆上身;还可以随着音乐爬行或走动。

4. 你可以根据需要用语言指导动作,一边示范动作,一边用语言加以描述。

5. 形容一下孩子是如何跟着节奏舞动的。

6. 评论孩子们是如何同时跳舞的:

   "阳阳和丽丽正在一起跳舞。"

   "现在一共有四个小朋友在跟着音乐跳舞。"

7. 如果孩子们有兴趣,再接着跳第二支或第三支曲子。

☀ 成长亮点

跟着节奏舞动是一种可能需要一生来学习的技能,对这个年龄的孩子来说,音乐是很重要的。它可以促进听力、语言和协调能力的发展。通过观察可以发现,孩子们喜爱反复听同一支曲子。当你自己可能都厌倦的时候,孩子们倒显得心满意足。为了让音乐体验愉悦身心,应按照生长发育的规律来选择合适的音乐。如果节奏太快,这个年龄段的孩子可能跟不上。

换个花样

✌ 当你发现孩子已能跟着音乐自然地舞动身体,重复再跳一次。

补充信息

✌ 舞蹈对孩子而言是需要练习的一门重要技巧,大脑的两侧在这个活动中同时得到锻炼。平时应经常鼓励孩子跳舞,并尝试各种不同的动作。

《绕着桑树来走路》

发展目标

✔ 与他人互动　　✔ 参加歌唱表演

教养策略

1. 如果你看见一个孩子正无所事事,请他和你一起玩。

2. 一边唱歌,一边绕圈走,歌词如下:

我们围着一棵大桑树,

一棵大桑树、大桑树。

我们围着一棵大桑树,

绕着桑树来走路,

今天已经是白露。

3. 如果现场还有别的孩子,鼓励他一起来唱歌,可以说:

"蓓蓓,克莱尔需要一个舞伴,来和我们一起唱。"

"马克,愿意和我们一起唱歌吗?"

4. 一旦有机会,就从活动中抽身,可以说:

"我累了,你们三个玩,我在一旁唱歌。"

5. 对孩子们一起玩的举动加以表扬,可以说:

"蓓蓓和克莱尔在一起玩。"

"我看见三个好朋友在一起做游戏。"

☀ 成长亮点

随着幼儿与外界建立起沟通渠道,大脑也持续发育。这些渠道是通过各种感官功能和体验发展起来的:视觉、听觉、触觉和身体运动体验。而这种体验的具体例子包括:唱歌、跳舞、表演歌曲。这能教会幼儿空间关系、因果关系和身体意识。所以,多让孩子参加这样的体验活动能促进他们的发展。

换个花样

✌ 可以使用其他表演歌曲,详见附录 G。

✌ 如果可能,也可以采一些树枝让孩子看、抚摸和围着跳舞,这也能帮助他们理解歌曲。

补充信息

✌ 介绍完这个活动后,通常你可以退居一旁,只进行语言上的指导。比如,你可以多邀请孩子参与,并通过评论来让孩子明白自己的进步。

音乐家来访

发展目标

✔ 减少看到陌生人的不安

✔ 与一个新认识的成人互动

准备

✌ 当一组孩子洗过澡,吃饱并休息好的时候,邀请一位音乐家上门。当孩子们唱歌的时候,请音乐家用乐器伴奏。可以事先提供他孩子最爱的歌曲清单。

教养策略

1. 当音乐家上门的时候,先进行介绍:
   "这位是约瑟,是我的朋友,今天他登门拜访。他会用他的乐器来演奏,谁想和约瑟一起唱?"

2. 大家一起随着音乐唱歌。

3. 在歌与歌之间,表示激励与赞赏,可以说:
   "真是一群歌唱家,你们唱得很好。"
   "大家刚才唱了两首歌。"

4. 如果时间允许,孩子们又感兴趣,可以让孩子们建议演唱的曲目。

5. 感谢客人的伴奏。

6. 可以写一封正式的感谢信,鼓励孩子们来装饰它。

7. 带孩子们去散步,顺便寄信。

☼ 成长亮点

就和害怕分离一样,对陌生人的恐惧、不安也是一种社会接触中常见的现象。对这个阶段的大多数孩子来说,这是很正常的。通过观察你会注意到,不是所有的陌生人都会激起同样的反应,他们之间还是存在差别。对有些孩子来说,陌生的女性不像男性那样令人害怕。同样的,如果陌生人是孩子,也比成年人好些。

换个花样

✌ 可以邀请一位会演奏不同乐器的朋友,或会讲故事的朋友登门拜访。

补充信息

✌ 注意孩子对陌生人的反应。如果孩子显得害怕,上前拥抱并安慰他。

✌ 孩子会密切注意我们对陌生人的反应。所以你自己镇静、放松的反应会说明这个陌生人是友善的。

油画棒

发展目标

✔ 参与集体活动   ✔ 与别的孩子分享游戏材料

材料

☐ 白色薄纸，尺寸略大于儿童桌或茶几

☐ 透明胶带、塑料收纳盒

☐ 一套油性蜡笔

☐ 工作罩衫

准备

✌ 将白色纸在桌上铺开，四角用胶带固定。

✌ 在蜡笔中选择色彩鲜艳的，放入收纳盒。

教养策略

1. 观察孩子如何使用油性蜡笔。

2. 描述孩子的行为，比如说：
   "文文，你在画深红色的线。"
   "来看看你都用了哪些颜色？我看到了红色、蓝色、绿色和橘色。"

3. 如果现场还有其他孩子，鼓励他们一起来参与活动，并评论孩子是如何一起完成了一幅画作：
   "文文和小戴一起在画这幅画呢。"

4. 鼓励孩子们互相帮助，传递所需要的材料。比方说，如果放蜡笔的收纳盒离一个孩子比较近，就请他将笔传给朋友。

5. 评论孩子们是如何互相帮助的：
   "真是一个好帮手啊！你把油画棒递给朋友了。"
   适当的时候，把孩子的名字写在他们的画旁。

6. 活动结束后，把纸从桌上揭下，把画挂在墙上或布告板上，让每一个人都能欣赏。

☼ 成长亮点

分享是孩子们必须学习的一项人际交往技能，非常重要。不过，从天性上来看，幼儿都是以自我为中心、泾渭分明的，所以分享绝非易事。当孩子逐渐成熟，分享会变得越来越常见。他们也会越来越愿意放下手中正在玩的东西。不过，这个年龄段的孩子还是更愿意与成人分享，而不是和同龄人或兄弟姐妹分享。所以，成年人可以通过现场示范来教导孩子分享的概念。

换个花样

✌ 可以用其他工具作画，比如蜡笔或无毒水彩笔。

补充信息

✌ 如果活动中有一个以上的孩子，可能会出现孩子想单独作画的情况。为了满足孩子的愿望，可以多准备一些纸张。

《农场主》

发展目标

✔ 与他人互动　✔ 选一种动物搭配歌曲

材料

❑ 一款响应歌曲的绒毛玩具

❑ 包、盒子或板条箱以当做动物的家

准备

✌ 记住以下歌曲的歌词：

老唐纳有个大农场，农场里有一头牛，

每天都在哞哞叫。

这也哞哞叫，那也哞哞叫，

叫到东叫到西，到处都是哞哞声。

老唐纳有个大农场……

歌曲中可以代入其他动物，如绵羊（咩咩叫）、大肥猪（哼哼叫）、大黄狗（汪汪叫）、大黑马（马嘶）、小白猫（喵喵叫）和绿头鸭（呷呷叫）等。

教养策略

1. 当孩子需要一个新游戏时，可以唱起这首歌。边唱边拿出对应的动物。

2. 如果孩子犹豫不开口，可以发出特别的邀请，说："蕾蕾，来，和我一起唱。"

3. 唱完第一遍后，问问孩子农场上还有什么动物。然后在唱歌的时候，把歌词换上这种动物。当你唱歌的时候，鼓励孩子抱着这种动物。

4. 唱完歌后，建议孩子向动物致谢。

5. 如果参与游戏的孩子多于一个，评论一下大家是如何一起唱歌的。可以说：

"我们三个人一起唱。"

"蕾蕾和阿秋都建议我们唱绵羊。"

6. 只要孩子们显得有兴趣，就一直唱下去。

☀ 成长亮点

幼儿开始将人分成男和女。所以唱歌的时候，尽可能省略代词。如果无法省略，也要注意平衡你的代词使用。比如说，第一遍唱歌时用到"他"，第二遍就用"她"。幼儿应明白，男性和女性都会做同一件事。

换个花样

✌ 用不织布剪出不同的动物形状，好让孩子贴在法兰绒板上。

✌ 你应注意到，这首传统歌曲省略了代词，无论男女，都可成为农场主。

情商培养

13—18个月

撕纸

发展目标

✔ 当一项任务完成后，表达满意的心情
✔ 表达如快乐、气愤这样的情绪

材料

☐ 两个塑料盒
☐ 轻质彩纸
☐ 儿童桌

准备

✌ 选好活动场地放置桌椅，将四张彩纸放在桌上，然后把塑料盒放在纸旁。

教养策略

1. 当孩子准备活动前，介绍说：
   "这纸是用来撕的，你能撕成几片？我们来数数看！"

2. 为了增进语言技巧，可以用一些词，如"撕"、"扯"、"大"和"小"，以精确表达。

3. 鼓励孩子撕纸：
   "莎拉，用你的两只手来撕纸。"
   "你能撕出几片？"

4. 在一旁描述孩子的肢体语言和面部表情，以表达孩子在这个活动中的感受，你可以说：
   "你在微笑，喜欢撕纸这游戏吗？"
   "看上去脾气很大啊，鼻子都皱起来了。"

5. 这么的激励往往能让一些行为继续下去。你可以说：
   "莎拉正在撕纸玩。"
   "莎拉很卖力很认真。"
   "这片纸真小！刚开始的一大张纸现在变小啦！"
   "谢谢你把纸片都放进塑料盒。"

6. 通过数碎纸的张数来引进数数的概念。考虑到孩子的年龄，数字不应超过 4，比方说：
   "1、2、3，你有 3 张纸。"
   "看，这有 3 张纸。"

7. 活动结束时，可以谈谈完成的感受：
   "莎拉，你今天很认真。真该为自己感到骄傲。"
   "看这么多纸片，都是你的功劳。"

☼ 成长亮点

许多研究结果支持这样一种概念：女性比男性更善于表达情绪。女孩哭泣和微笑的次数多于男孩（Kostelnik，2002）。所以，在情绪表达方面，男孩应受到更多的正面鼓励。在这个发展领域，他们甚至需要更多的帮助。

换个花样

✌ 可以用撕碎的纸制作拼贴画，把碎纸用透明胶纸贴起来。

补充信息

✌ 有些纸比较难撕，而幼儿缺乏足够的力气撕一些厚重的纸，所以选择纸的型号类别时要考虑到这点。

✌ 幼儿是特别喜欢撕东西的，所以你可以期待得到一大堆碎纸。

《如果感到快乐……》

发展目标

✔ 将情绪与社会行为联系起来 ✔ 识别情绪

材料

❑ 索引卡

准备

✌ 需要的话准备记歌词的索引卡，放在口袋中，准备介绍活动时拿出来。

教养策略

1. 和孩子一起唱这首歌：
"如果感到快乐你就拍拍手（击掌两次），
如果感到悲伤你就呜呜哭（擦眼泪动作），
如果感到生气你就跺跺脚（跺脚），
如果重新开心就哈哈笑（做微笑表情）。"

2. 如果孩子恰好出现了一个情绪上的行为，比方说孩子正在发脾气，就反复唱"如果感到生气……"

3. 讨论情绪与行为之间的关系，可以说：
"你要是难过的话会怎样？"

4. 响应孩子的言语、手势和表情。

5. 结束活动的时候说：
"今天我们讨论了三种不同的感受：快乐、悲伤和生气。"

☀ 成长亮点

在将情绪和社会经验联系起来时，成年人扮演了一个极其重要的角色。首先，孩子有了某种情绪。而你必须帮助孩子辨别它，你在这个过程中需要进行详细的解释和描述。

换个花样

✌ 可以将此作为集体活动，和几个孩子一起玩。

补充信息

✌ 这首歌是一种最简单的情绪表达。孩子很快就能学会，一种情绪表达可以导致几种行为。

让我看看

发展目标

✔ 表达一种需要或愿望
✔ 找到满足需要或愿望的方法

教养策略

1. 响应一个幼儿发出的求助愿望，无论是语言上的还是举动上的。

2. 鼓励孩子把自己的需求说得更详细清楚，以便你能更好地帮助他。

   "小泰，你的毯子怎么了？"

   "让我看看，带我过去看看。"

3. 和孩子一起解决这个问题。

4. 当需求得到满足时，提供鼓励和表扬，可以说：

   "你让我看到了你需要什么，然后我们一起把问题解决了。"

   "你用语言来告诉我你的愿望，小泰，这样很好。"

☀ 成长亮点

大多数这个年龄段的孩子很依恋柔软的物体，比如泰迪熊和毯子。这些能够拥抱的玩具能给他们安全感。在面对分离的焦虑时，它们能帮助孩子减压。需要安慰物的时期往往发生在孩子开始在心理上逐步远离保育员的时候。

换个花样

✌ 请密切注意那些孩子的非语言信号（norn-verbal cues），这可以让你迅速作出反应，以满足孩子情绪上的需求。

补充信息

✌ 行为上的示意会随着语言沟通技巧的增强而慢慢减少，用必要的话语与孩子沟通会加速这个过程。

表情面具

发展目标

✔ 辨识情绪 ✔ 将情绪与行为联系起来

材料

☐ 4个纸盘子

☐ 4根雪糕棍

☐ 彩色蜡笔或水笔

☐ 胶水

准备

✌ 在纸盘子上画清晰的表情：快乐、悲伤、害怕和惊讶。

✌ 用胶水把雪糕棍粘在盘子底部

教养策略

1. 向孩子介绍活动说：
   "让我们来玩一个猜谜游戏，猜猜我的感觉。"

2. 举起一张表情面具。

3. 鼓励孩子猜猜你现在的感受。

4. 多加鼓励可能会让孩子继续游戏，比如说：
   "莎莎，看看我的面具，我现在的感觉是什么？"
   "是的，我现在戴了一个惊讶的表情。"

5. 谈论人们有特殊的感觉时会有什么行为。比如说：
   "要是你很吃惊，会怎么样？"

6. 继续聊这个话题，可以详细谈论孩子在语言和举动上的反应。比如说，如果孩子开始蹦蹦跳跳，你可以说：
   "莎莎，如果你感到吃惊，就会蹦起来。"

7. 只要孩子感兴趣，可以用面具把这个活动继续下去。

☀ 成长亮点

孩子的情绪信号，比如微笑或哭泣，可以很大程度上影响他人的行为。同样的，他人的情绪反应也会塑造孩子的社会行为。所以在这个活动中，幼儿会根据面具上的表情变换自己的反应。

换个花样

✌ 鼓励孩子在你举起面具时，继续相应的表情模仿。

✌ 可以和一小组孩子重复这个游戏。

补充信息

✌ 以孩子在这个时期的认知水平，他们通常会害怕面具。为了减少孩子的恐惧，可以反复展示面具。而且在举起面具的同时，总是保证自己的脸能被孩子看到。

说明情绪

发展目标

✔ 练习辨别复杂的情绪　✔ 继续熟悉不同的情绪

教养策略

1. 当你观察到一个孩子有了某种情绪,上去指出并解释。比方说,孩子躲在你腿后的时候,你可以说:

   "安安,你在害羞了,不肯让大家看到你的脸。"

2. 如果孩子在哭,你可以说:

   "你正在哭,一定是心里很难过。"

3. 如果孩子正在微笑,你可以再一次点明这种情绪:

   "安安,你在微笑,你搭起了积木,一定为自己感到很骄傲。"

4. 如果孩子看起来很受挫,你可以在一旁说:

   "你看上去很沮丧,因为这块拼图不对。"

☀ 成长亮点

在生命的第二年,一些更复杂的情绪开始出现,如羞惭、尴尬、愧疚、羞涩和骄傲。这些都是自我意识的情绪,因为它们都会直接影响到自我观感。因此,幼儿需要有人为他们指明并解释这类感受,以帮助理解。

换个花样

✌ 每当孩子出现新的情绪时,就进行介绍和讲解。

补充信息

✌ 当你为孩子点明他们的情绪时,你也起到了示范的作用。最终,孩子会在和同龄人的互动中,模仿你的说明。

我爱你

发展目标

✔ 通过拥抱和亲吻来表达关爱

✔ 感到被爱和自我的价值

准备

✌ 在午睡以前，调暗灯光，播放轻柔的音乐。

教养策略

1. 收集孩子午睡需要的东西，然后坐进摇椅，让孩子坐在你的腿上。

2. 轻轻摇晃，并唱起摇篮曲：

   "睡吧，我最亲爱的宝贝……"

3. 用你的声音来制造一种安宁、休憩的氛围。

4. 当孩子彻底放松后，把她移抱到小床上。在孩子睡熟以前一直陪伴在侧。

☀ 成长亮点

对他人表达爱是未来亲社会行为和其他利他行为的基石。当孩子们表达爱时，心里并不考虑得到回报。他们会通过拥抱、亲吻甚至是轻轻拍打来表达感情。

换个花样

✌ 当孩子从午睡中醒来，你可以把这首歌再唱一遍。这次，你可以把速度加快少许，传递出更活泼的感觉。

补充信息

✌ 如果有大一些的孩子在，鼓励他们为幼儿唱这首歌。

✌ 如果照顾的孩子超过一个，要保证为每一个孩子唱一句。

✌ 如果你照料的是别人的孩子，与孩子的父母分享这首歌。

猜猜我的感受

发展目标

✔ 辨识各种情绪表达
✔ 将情绪与不同的社会行为联系起来

教养策略

1. 当你和一名幼儿单独在一起时,可以介绍这个活动说:
   "米奇,我们来玩一个猜谜游戏,猜猜我现在的感觉。来,看我的脸。"
2. 运用面部表情来示意以下情绪:快乐、悲伤、惊讶或气愤。
3. 鼓励孩子来猜你的表情意味着什么。
4. 表扬孩子会让他保持猜谜的热情,可以说:
   "米奇真是个猜谜高手。"
   "对,我刚刚是生气的表情。"
5. 只要孩子有兴趣,就继续游戏。

☀ 成长亮点

　　这个阶段的孩子特别可爱,而且这时他们乐于与人交往、表现友善。因为这时他们已经理解行为和情绪之间的关系。他们已经会察言观色,也会经常与人同哭同笑。

换个花样

✌ 当孩子辨别出以上表情,可以要求他们自己也表演一下。

补充信息

✌ 幼儿应该很容易就能辨别出四种情绪:快乐、悲伤、惊讶与生气。

丢沙包

发展目标
✔ 表达兴奋之情　✔ 体验成就感

材料
☐ 6—8 个沙包
☐ 洗衣篮

准备
✌ 选择一个方便照看的区域,把 3—4 个沙包放在篮子里,然后把剩下的沙包放在地上。

教养策略
1. 如果孩子显得有兴趣,向孩子介绍这个活动,说:
"小云,今天我们来玩一个丢沙包游戏。"
把一个沙包丢进篮子,然后问:
"你能丢几个沙包进篮子?"

2. 在孩子努力尝试的时候,在一旁给她最大的鼓励,可以说:
"小云,你丢了一个进去啦!"
"看,这个沙包差一点点就进篮子啦!"

3. 鼓励孩子继续丢,比方说:
"继续试试,刚才你差点就丢进去了。"

4. 为了增加孩子的成功几率,可以调整游戏器物的布置。这里有一到两个方法,或者把篮子挪近孩子,或者让孩子靠近篮子。

5. 在做这个游戏的时候,讨论孩子的情绪:
"小云笑得真开心! 把沙包丢进了篮子,你一定很开心!"
"表情很难过呢,继续努力,你一定能做到的。"
"你在蹦蹦跳跳,一定为自己感到自豪。你一共丢进了 3 个沙包。"

☀ 成长亮点
当成人给予孩子情绪上的指引,他们是会感觉到自豪的,换句话说,在情绪上的自我感知方面,成年人会起到决定性的定义作用。而引起自豪感的情况在每一种文化中都不同。比如在有些文化中,自豪和丢沙包入篮这样的个人成就有关(Berk, 1997)。

换个花样
✌ 用彩色纸包裹不同大小的盒子,然后给孩子一定的指示。比如,你可以鼓励孩子把沙包都丢进黄色的盒子。

补充信息
✌ 在场地安排和活动设计方面,以提高孩子的成功率为主。

倒水

发展目标

✔ 培养独立精神和自理技巧　✔ 提升自尊心

材料

❑ 大小适合儿童的陶壶

❑ 两只杯子

❑ 大桌、塑料盒或收纳盒

❑ 工作罩衫

准备

✌ 在陶壶里注入一半的水，然后把它放到桌上或塑料盒里。把杯子放在陶壶边，把工作罩衫放在孩子看得到的地方，并说明它是为活动而准备。如果在场的小朋友超过一个，每人照样准备一份材料。

教养策略

1. 在孩子选择这个游戏后，观察他的举动。

2. 必要的话，向孩子介绍这个活动说：
   "利利，你可以来倒水玩，把水倒进杯子。"

3. 鼓励孩子用两只手捧住陶壶，这能增加孩子的控制力和精准度。

4. 如果必要的话，可以出手协助，以保证活动成功。比如说，你可以在孩子倒水的时候扶稳杯子。

5. 当水被倒进杯子的时候，正面表扬孩子：
   "利利，看！你把水倒进杯子了。"
   "做得好！你倒水的动作很稳当。"

☼ 成长亮点

根据 Erikson（1950）的说法，幼儿会面临一场自主危机，对自己充满羞愧和怀疑。在这场危机中，最健康的解决方法是让孩子自己替自己做决定。当然，在增加独立性方面，成年人扮演的角色很重要。成年人替孩子设计的活动应合理，避免孩子因失败或闯祸而羞愧。

换个花样

✌ 当孩子准备好的时候，可以让他在点心时间自己倒水、果汁或牛奶。给他塑料容器使用，必要的时候协助他。

补充信息

✌ 幼儿是很喜欢帮手的，不过在有些事情上，他们还缺乏必要的技巧能力。所以，在选择任务的时候要留心，要挑那些能增强独立与自信的。

✌ 幼儿可能会去喝流到桌上的水，尤其是平时的喝水杯被用到活动中时。

注意事项

❶ 为保护儿童健康、安全以及环境卫生，请使用饮用水。

帮忙换尿布

发展目标

✔ 协助穿衣　✔ 为完成的事感到骄傲

材料

❏ 平时换尿布所需的物品。

准备

✌ 把一应物品放在桌上或桌边。

教养策略

1. 当给孩子换尿布的时候,和他保持视线接触。

2. 和孩子聊聊手头正在进行的事,可以这样说:

    "安安,我在戴上手套。"

    "这块布可能有点冷,我准备帮你洗屁屁。"

3. 在整个换尿布的过程中,孩子都可以有自己动手的机会。因为大肌肉功能已经发展得较好,当换上干净尿布后,孩子可以自己拉上裤子。要协助孩子,让他站到桌上,你用两只手扶稳他的腋下,然后鼓励说:

    "安安,把你的裤子拉上。"

    "用两只手拉住你的裤子。"

    停顿。

    "现在拉。"

    观察一下,孩子可能只成功地拉起裤子的前半部分。

4. 要大力表扬孩子,可以说:

    "安安,今天咱们合作,换得比平时快。"

    "真是个好帮手,你自己把裤子拉起来了。"

5. 结束换尿布的流程。

☼ 成长亮点

在穿衣服时帮助孩子,在他们的视线高度上进行示范,通常是最有效的方法。对这个阶段的孩子来说,你可以先开个头,然后就让孩子自己完成剩余过程。比如说,你可以帮孩子把拉链先拉上一半,然后鼓励孩子自己拉好。在发展自助能力的时候,孩子都是很自豪的。

换个花样

✌ 如果需要,可以在准备外出时,鼓励孩子帮忙披上夹克衫或其他衣物。

补充信息

✌ 一岁以前,换尿布是成年人与孩子之间建立信任感的一种方式。而一岁到两岁时,重心应放到培养孩子自立方面来。

丝巾舞

发展目标

✔ 通过运动来表达情绪　✔ 将情感与行为联系起来

材料

❏ 快步的古典或爵士舞曲磁带或 CD

❏ 录音机或 CD 机

❏ 为每一位参与的成年人和幼儿准备一条丝巾

❏ 用来装丝巾的篮子或包

准备

✌ 为音乐播放器插上电源，放在孩子够不到的架子上。

✌ 把选好的磁带或 CD 放进播放器。

✌ 把丝巾放在包里。

教养策略

1. 介绍这个活动说：

   "今天我们来随着音乐跳舞。我们可以跟着音乐甩丝巾哟。我给你们每人发一条。"

2. 播放音乐，开始跳舞。示范如何随着音乐挥舞丝巾。

3. 可以建议挥舞丝巾的不同方法：忽上忽下，可快可慢，成波浪状或呈圆圈状。除此之外，还可以讨论音乐带给人的感受。比如，轻快的音乐可以使人兴奋，而沉缓的旋律会令人回想起生气的时候。

4. 将孩子自身作为模特儿，评论他们挥舞丝巾的动作。如果现场的孩子多于一个，你可以说：

   "看看悦悦是如何挥舞她的丝巾的，丝巾一直垂到了地上。"

   "米米，你正绕着地毯走呢。"

5. 当音乐停止后，帮助孩子们平静下来，鼓励他们放慢动作。比如问：

   "现在谁舞动丝巾的动作最慢？"

6. 告诉孩子们，把丝巾放回到包裹或篮子里。

☀ 成长亮点

跟着音乐动作是表达情绪的一种重要方法。它也能全面地促进孩子整个的发展：生理的、情感的、社会的、认知的和语言的。比如，创造性的运动可以提高空间感、情感表达、社交互动、因果关系和接受语言的技巧。

换个花样

✌ 可以用飘带或铃铛代替丝巾，随着音乐起舞。

✌ 幼儿应该接触大量不同类型的音乐。不过，为了活动的目标达成，你还是应仔细选择合适的曲目。

用刮胡膏画画

发展目标

✔ 通过艺术来表达情感

✔ 完成一件任务时，体会到满足感

材料

- ❏ 一罐没有香味的刮胡膏
- ❏ 海绵
- ❏ 一碗装在塑料容器里的温水
- ❏ 湿毛巾、工作罩衫

准备

✌ 在塑料容器里注入温水，再放进一块海绵。毛巾沾水后绞干，然后把水和毛巾放在一旁。

✌ 如果房间里很温暖，可以脱掉幼儿的衣服。如果房间里有风，可以卷起孩子的袖子和裤腿，然后鼓励孩子穿上工作罩衫，以避免弄湿衣服。

教养策略

1. 让孩子准备活动时，可以先说明一下：
   "娜娜，我们有些刮胡膏，摸上去滑滑的。你可以用手指沾一点，在托盘上画。"

2. 让孩子在高脚椅上坐稳，固定好托盘。

3. 往托盘上挤一点刮胡膏。

4. 观察孩子与材料的互动。每次孩子准备用手摸脸就重申规定：
   "画在托盘上。"

5. 在一旁描述孩子是如何玩刮胡膏的，可以说：
   "娜娜，你正用手指推刮胡膏。"
   "你看上去迷糊了，还需要一点刮胡膏吗？"
   "你笑了，很有成就感吧。"

6. 需要的话，再多加一点刮胡膏，只要孩子感兴趣就继续玩下去。

7. 当活动结束时，拿走托盘，用湿毛巾把孩子的手擦一遍，然后再带他去洗手。

8. 用海绵清洁托盘。

成长亮点

哪些材料适合触感游戏，对此一直没有一致的意见。有些人建议使用食物。这对某些喜欢什么都往嘴里放的孩子来说，是一个解决办法。不过，这同样会带来困惑，玩弄食物会令孩子认为，所有触觉材料都是可以吃的，以后什么游戏材料都往嘴里放。因此，你有责任让孩子分清什么是游戏材料，什么才是可以吃的。

换个花样

✌ 也可以让幼儿站在一张儿童桌上，在桌上用手指画画。

✌ 为了增加趣味性，可以在刮胡膏里滴几滴食用色素。

补充信息

✌ 幼儿对世界的经验很多时候是靠尝。所以在计划和监督活动的时候，要时刻小心。

注意事项

❶ 整个活动过程都必须小心照看，以防幼儿把刮胡膏弄进眼睛或吃进嘴里。为安全起见，一旦有材料溅出，应立刻用海绵擦去。

穿衣打扮

发展目标

✔ 通过穿上简单的衣物,练习自理能力

✔ 独立自主

材料

❑ 准备穿戴的鞋和帽

❑ 适合儿童身高的架子

❑ 不易碎的全身镜

准备

✌ 把鞋帽放在架子上。

教养策略

1. 观察孩子如何穿鞋戴帽。

2. 如果需要的话,提供口头上和实际行动上的帮助,可以说:

   "如果你坐下脱鞋的话,会比较容易。"

   "要我帮你解开鞋带吗?"

3. 鼓励孩子多试穿几双不同的鞋子,戴上不同的帽子,如何照照镜子,看看搭配效果。

4. 表扬孩子的努力和尝试,可以说:

   "你戴的帽子看上去真整洁。"

   "漂亮的鞋子,是新鞋吗?"

5. 在孩子尝试不同打扮的时候,鼓励他扮演不同的角色,可以说:

   "打扮得好像是要出门买东西,你准备到店里买什么?"

6. 合适的话,建议两个或更多的孩子一起玩,比如说:

   "泰勒准备去买双鞋。黛黛要不要一起去,也给自己买一双新鞋?"

7. 观察孩子如何脱下衣物,需要的话可提供帮助。

☀ 成长亮点

玩耍对幼儿来说至关重要,玩耍就是孩子的工作。在角色扮演游戏中,第一阶段是功能性游戏。换言之,他们对道具的使用依然遵循传统。比如说,当他们拿到可供穿戴的衣物后,会探索、尝试穿戴,从而提高自己的技能。随着他们慢慢长大,游戏的内容会发生改变,变得更有想象力,更富于创造性。比方说,他们会穿戴整齐,假装去搭公共汽车、上图书馆。

换个花样

✌ 可以提供皮夹子、钱包和硬币给孩子当道具,还可以增加简单的衣物,如松紧带裤子和套头衫。

补充信息

✌ 这个活动可以让孩子在一个有趣的氛围中联系自立。

✌ 让孩子尽情探索衣物、尊重他们的意愿,除非必须,在一旁多观察,少指导。

注意事项

❶ 在拿出鞋帽之前要仔细检查,选择容易套脱的低跟鞋,而不是系法复杂的鞋子。检查帽子上有无容易掉落的装饰品,以防孩子误食。

花生酱和果酱

发展目标

✔ 提高自理能力　✔ 完成一项任务时,体验自豪感

材料

☐ 每人一包塑料小刀

☐ 两把茶匙

☐ 浓稠花生酱、果酱、咸饼干、一罐牛奶

☐ 杯子、纸巾、3 个塑料碗

准备

✌ 分别舀取花生酱和果酱进两个不同的碗。将饼干放进第三个碗,将碗、纸巾、杯子、茶匙、小刀和牛奶壶都放在一个托盘上。然后把托盘放在桌上。

✌ 清洁吃点心的桌子。

教养策略

1. 协助孩子的餐前洗手工作,然后自己也把手洗一遍。

2. 如果现场孩子多于一个,请其中一个分发杯子、纸巾和小刀。每次给孩子一件东西,让他们学会一样一样来,可以说:

   "蓉蓉,现在人人都有一只杯子对吗?"

   "利利还缺一只杯子。"

3. 在孩子们间传递装了饼干的碗。提醒他们一次只能拿规定的数量,比如:

   "两块饼干,你们每次可以拿两块,一只手一块。"

   然后宣布这次点心每人可以吃多少,比如:

   "你们可以吃六块饼干、两杯牛奶。"

4. 给孩子们花生酱和果酱,让他们自己涂在饼干上。

5. 鼓励孩子们用茶匙舀取花生酱和果酱到饼干上,然后用小刀抹平。

6. 当孩子尝试抹平的时候,表扬他们,可以说:

   "蓉蓉抹果酱抹得很均匀。"

   "花生酱都抹上了。"

"看上去真是一块美味的饼干呀!"

7. 给每个孩子倒牛奶,和饼干一起吃。

☀ 成长亮点

成长中的幼儿活泼好动。需要足量的健康食品以达到饮食平衡。一岁以后,幼儿食谱应包括所有基本食物类。不过,幼儿的肠胃太小,还不能吸收主要三餐的营养。所以他们每隔两个或两个半小时应吃一次点心。

换个花样

✌ 准备花生酱和果酱三明治。

✌ 也可以把软酪或苹果酱涂在全麦饼干上。

补充信息

✌ 考虑点心的数量,不可过量。

✌ 点心是正餐之间的少量食品。因此绝不要在点心时间吃过量,以影响正餐时的胃口。否则,孩子无法达到饮食平衡。

✌ 事先了解孩子的健康记录,有无花生过敏现象。

✌ 告诉孩子食量控制是很重要的,这也能同时教会他们名词、数字和分享的概念。

注意事项

❶ 花生酱也可能造成窒息。为减少危险,提供的量不宜过多。同时,要搭配足够的饮品。

生理发育

19—24个月

跳吧，小青蛙！

发展目标

✔ 练习跳跃　✔ 提高平衡技巧

材料

❏ 图画《跳呀，青蛙》（Jump，frog，Jump!），作者：Robert Kalan

准备

✌ 选择并清空一块大场地，作为阅读和活动的场所。

教养策略

1. 将孩子们集中到场地中。

2. 给孩子们读这本书。因为书中有很多重复的句子，所以慢慢地念。孩子如果想跟着重复也可以。

3. 讨论一下，青蛙是如何从一处移动到另一处的。

4. 问一下孩子们，自己是否也可以像青蛙那样动作。

5. 事先提醒孩子们，比如活动时不要相互撞到。

6. 开始跳吧！

7. 可以指出一个孩子作为榜样，其他孩子会很容易地去模仿他。

   "跳得真稳！大家等着看达达是怎么跳的。"

   "大家都在像小青蛙一样跳呀跳。"

8. 跳跃活动结束后，如何帮助孩子们平静下来是很重要的。可以先鼓励孩子们慢慢跳或小幅度跳跃，可以说：

   "看看谁跳得最慢?"

   "跳得很轻，简直没有动身子哦!"

☀ 成长亮点

　　幼儿期是一个飞速变化的时期，大的动作机能依然在继续发展。增强的平衡技巧和全身协调能力令孩子有了跳跃移动的能力。最早在 18 个月左右，孩子就会尝试跳跃移动。观察孩子会发现，孩子很喜欢在有人协助的情况下，从楼梯最后一级跳下来（Snow，1998）。大约 23 个月大的时候，孩子就能成功地双脚起跳了。

换个花样

✌ 可以让孩子假扮青蛙跳过一只玩具熊。

补充信息

✌ 孩子在成功地双脚起跳并落地前，一般会先尝试、学习几个月。所以刚开始，这个动作看上去像单脚跳。

注意事项

❶ 为保障安全，每次必须从安全的地方起跳。

开车

发展目标

✔ 移动一辆带轮子的玩具车

✔ 提高眼—脚协调能力

材料

❏ 塑料玩具车,可推行或开动

❏ 安全头盔

准备

✌ 清扫人行道或水泥地,保证无碎石。把车泊在停车区。最后,把头盔放在车座上。

教养策略

1. 当孩子走近车时,提醒他必须戴头盔,必要的话加以协助。

2. 帮助他戴上头盔的时候申明规定,比如说:

   "沙沙,边走边推车。"

   "在这条道上推。"

3. 鼓励孩子进行想象,可以提一些问题:

   "你坐着车子上哪儿呀?"

   "是出门旅行吗?"

4. 描述孩子对车子的行为,例如:

   "你正推车上山呢!"

   "沙沙正在开车,转着方向盘,一边用脚推。"

5. 你的激励可以让这种正面的行为继续下去,你可以这样说:

   "沙沙,你正在慢慢驾车。"

   "你戴好了头盔,所以头部很安全。"

6. 鼓励孩子将车送回停车区,并把头盔放在座上。

☀ 成长亮点

幼儿天生就有些头重脚轻。因为他们的头部占全身重量的四分之一。随着发育和不断的练习,孩子在行走中慢慢学会了平衡。幼儿的膝盖不如成人的那样放松,双脚也比较靠紧。而且,幼儿的身体在移动时,脚趾的方向和移动方向保持一致。以前,他们借助带轮子的玩具来保持平衡。而现在,他们自己能够移动带轮子的玩具了,能够更多地使用它们原有的功能。

换个花样

✌ 在你自己推拉一辆小车的时候,可以请孩子来帮忙。

补充信息

✌ 为了让孩子获得最大的独立成长机会,成人应尽量少出手协助,时时刻刻让孩子感觉"我自己能行"。

注意事项

❗ 出于安全考虑,必须确保带轮子玩具的平衡性良好,易于推行。

平衡技巧

发展目标

✔ 增加眼脚协调能力　✔ 练习平衡技巧

材料

❑ 5 英尺长的遮护胶带

准备

✌ 选择一块平整、光滑的区域,将胶带粘在地上,呈一条直线。

教养策略

1. 当一名幼儿准备进行这个活动时,先观察幼儿的表现。

2. 如果孩子不明就里,可以介绍这个活动,比如说:"悦悦,沿着这根胶带走。你能沿着它一直走到头吗?"

3. 你可以建议孩子伸开双臂以保持平衡。

4. 必要的话,你可以示范走一遍,走的时候伸开双臂。

5. 对孩子的努力尝试加以支持和鼓励,可以说:"悦悦,继续朝前走。你能行的,你正踩着线走呢。"

"你已经踩线走了两步了。"

成长亮点

奔跑、跳跃和攀爬都是幼儿喜爱的活动。通过观察你会发现,他们的奔跑还不是很轻松自如。因为他们在保持身体平衡的方面依然有困难。所以为了保持平衡,他们经常会增加一些小碎步。

换个花样

✌ 也可以将胶带贴成正方形、三角形或圆形。

补充信息

✌ 可能的话,使用 2—3 英寸宽的胶带。这方便让孩子看见并沿着走动。

✌ 因为幼儿会花费大量时间自己来练习移动技巧,所以为保证安全,应为他们提供宽裕的室外活动空间。

套圈游戏

发展目标

✔ 增进手眼协调技巧　✔ 完善精细动作机能

材料

❑ 套圈游戏

准备

✌ 如果你手头没有现成的套圈玩具，可以 DIY 一个。收集 6—8 个塑料盖和一个小纸盒。在塑料盖中间挖一个大洞。如果其切割后的边缘太过锋利，可以用胶带缠一圈，做出塑料套环。在纸盒底部挖一个和卫生纸筒芯直径相近的孔，然后竖插一根纸芯上去。试一下，保证每个塑料圈能够轻松地套上筒芯。

✌ 室内或室外找一个游戏场所，保证有足够的空间，然后把玩具置于场地中央。

教养策略

1. 当幼儿选择这个游戏时，先观察一下他的行为，尤其是他的游戏能力。

2. 多多鼓励可能让孩子多玩一会儿，可以说：
   "可可，就差一点点了，再试试。"
   "你玩得很认真。"

3. 通过孩子站位的远近可以随时调节游戏的难度。

4. 通过数成功套上的圈圈，可以引进数学概念。

5. 每当孩子套中一个，用拍手或微笑来提供表扬。

☼ 成长亮点

为了促进孩子的成长，选择合适的玩具和材料是很重要的。和婴儿喜欢抓、摇、啃东西不同，幼儿开始喜欢将物体从一个容器移动到另一个。他们也喜欢垒东西和抛掷物体。同样的，孩子还喜欢仿真玩具，如交通玩具、娃娃，以提供角色扮演的可能。

补充信息

✌ 玩具经常可以从家用物品改造而来。这不但节省，也教会了孩子创意和环保概念。

击球练习

发展目标

✔ 提高手眼协调能力 ✔ 完善大肌肉协调动作

材料

☐ 8英寸长的羊毛线 ☐ 遮护胶带

☐ 橡皮或海绵球,直径至少达12英寸

☐ 树木或其他支撑物

准备

✌ 将羊毛线的一段系在球上,用遮护胶带固定。线的另一端系在一根较矮的树枝或支撑物上。高度以孩子的手能够到球为宜。

教养策略

1. 向孩子介绍这个活动说:

   "依依,这个球是用来打的。用你的手来轻轻打这个球。"

2. 如果现场还有其他孩子,申明游戏规则:

   "每次一人。"

   "打的时候站着别动。"

3. 鼓励孩子用双手去击球,比如说:

   "现在你可以换只手。"

4. 讨论球被击中以后如何反应,可以说:

   "依依,看,球打中树干又弹回来了。"

5. 对孩子的行为进行表扬,可以说:

   "刚才你轻轻碰了一下。"

   "哇! 这回球弹得很高!"

6. 必要的话,如果还有其他孩子参与游戏,给每人设定一个游戏时间。这样每个孩子都能轮上。可以用一个煮蛋定时器,告诉孩子们"叮"一声后就要换人。你可以说:

   "依依,定时器响了就轮到芭芭拉了,芭芭拉在等着玩呢。"

成长亮点

6个月大的时候,婴儿就会显露对使用某只手的偏好。大多数时候,孩子都会使用右手。两岁的时候,大多数孩子都会明显偏好某只手。10%的孩子偏向使用左手,90%的孩子偏向使用右手。要看出孩子的倾向,就要观察他在这个活动中的表现。看看他们反复击打球时使用的是哪只手。有的孩子在这个年龄会均等使用两只手。

换个花样

✌ 随着孩子精准度的提升,可以缩小球的尺寸。

补充信息

✌ 幼儿的独占意识要超过分享和排队意识。所以,为了避免争端,你应总是准备双份材料。不过在这个活动中,同时照看两个孩子很难。所以帮助孩子排队是必须的,这也是孩子学习分享和解决问题的开端。

沙滩足球

发展目标

✔ 增加眼脚协调能力　✔ 练习平衡技巧

材料

☐ 2—3 个沙滩皮球

准备

✌ 给皮球充足气,清理出一片草地,上面不能有任何障碍物。

教养策略

1. 观察孩子拿到球后的举动。

2. 建议球的不同玩法。比如孩子在用一只手拍球或者推球,建议她用一只脚踢球。

3. 鼓励孩子轮流用两只脚踢球。

4. 如果孩子踢球有困难,给他足够的时间练习。可以在一旁说:

   "艾米丽,哦,你失去平衡了,再来一次!"

   "你踢中了! 球在滚了。"

   "学新的本领是需要时间的,慢慢来。"

5. 你可以玩一个对踢游戏,示意孩子把球踢给你。

6. 示范动作可以帮助孩子进步,对你的动作加以解说。如果孩子失去平衡,示意在踢球的时候伸开双臂,并说:

   "伸开双臂就能保持身体平衡了。"

   如果孩子是试图边跑边踢,你可以站稳了说:

   "我站着不动的时候踢,这样会好踢一些。"

7. 只要孩子有兴趣,就一直玩下去。

☀ 成长亮点

幼儿在这个年龄阶段,通常会显现对身体某一侧的偏好。这和他们用手的倾向是一致的。通过观察可以发现,惯用右手的人也惯用右耳,并用右脚来踢球。幼儿喜欢滚球、踢球和抛球,为了避免受伤,最好选排球大小的软质皮球或塑料球。因为他们第一次接球的动作比较被动,抛球动作要轻柔。

换个花样

✌ 如果照料的孩子多于一个,可以鼓励孩子对踢皮球。

补充信息

✌ 为了使活动圆满,孩子需要大而轻的球。

✌ 这个年龄的孩子也很喜欢和成人玩滚球—接球游戏。

做运动

发展目标

✔ 增进身体的感觉意识　✔ 培养健康的习惯

材料

❑ 布偶

教养策略

1. 如果现场的孩子多于一个,把孩子们聚拢过来。

2. 介绍一下手里的布偶和这个活动:

   "今天我带来一个特殊的朋友。他的名字叫大头,大头很喜欢活动四肢哦。看看你们能不能跟着他做。"

3. 一边活动布偶一边描述他的动作。比如说朝前跳、摸摸脚趾头、点点头、抡抡胳膊、举起手臂和转圈圈等。

4. 如果现场的孩子很多,一一夸奖他们,比如:

   "大头,看! 丽丽正在跳呀跳。"

   "科科正在抡胳膊呢。"

5. 用慢动作帮助孩子们在游戏后放松,比如坐在地板上、拍拍手、敲敲脚趾头等。

6. 如果孩子们还想继续这个游戏,可以换个娃娃继续。

成长亮点

肥胖症直接和缺乏运动有关。过于肥胖的孩子出现健康问题的概率更高。尽管婴儿时期的肥胖不能被定义为超重,但孩子们还是应当学习健康的生活方式。你应带头多做运动,并吃低脂食品。

换个花样

❣ 随着音乐做运动。

❣ 如果你带头,以身作则保持体形,孩子们也会模仿你。

拖小车

发展目标

✔ 增加眼脚协调能力 ✔ 强健大肌肉

材料

❏ 儿童拖车
❏ 两个动物玩具

准备

✌ 把绒毛动物玩具放在拖车内。

教养策略

1. 当孩子选择这个游戏时,先观察幼儿的表现。

2. 必要的话向孩子介绍这个活动,说明如下:
   "心心,这些动物想出去兜兜风。你拉着拖车的把手往前走,到水泥地那儿再停下来。"

3. 解释完动物想出去兜风,再给孩子提供一个选择,问他是愿意拉车还是推车。

4. 描述孩子与车的互动,比方说:
   "心心,你正拉车上坡呢!"

5. 为保护孩子的安全,事先要申明注意事项。

6. 为孩子遵守规则或与他人合作而表扬他:
   "你果然记得走在人行道上。"
   "心心,你正带着小动物们兜风呢。"
   "咱们俩合作,带一群小动物出门玩了。"

☀ 成长亮点

幼儿正变得越来越独立。他们兴冲冲地想玩自己的、做自己的,却往往缺乏判断安全与否的能力。他们喜欢爬上爬下,爬进爬出。架子、拖车甚至是柜子都是他们的游戏场所。所以为了提供保护,你必须时时照看。

换个花样

✌ 提供玩具婴儿车。
✌ 用拖车带孩子出门。

补充信息

✌ 拉小车能够强健孩子的气力,并提高耐力。

注意事项

❶ 为避免事故,应仔细观察幼儿,尤其是他们拐弯的时候。他们会在拐弯的时候速度过快,结果弄掉车里的东西。

夹棉球

发展目标

✔ 增进手眼协调能力　✔ 练习精细动作

材料

❑ 两个塑料碗

❑ 一袋棉花球

❑ 两副镊子

❑ 儿童桌或茶几

准备

✌ 清空场地放置小桌。每个碗里放几个棉花球、一副镊子。然后把大概 20 个棉花球放在桌上。

教养策略

1. 当孩子选择这个游戏时，先观察他的举动。

2. 必要的话，向孩子介绍这个活动，先用镊子夹起棉球，然后放进碗里。

3. 可以建议不同方法，用不同的手拿镊子，或者双手拿。

4. 必要的话你可以亲身示范如何拿镊子，并用语言说明，例如：

   "我正同时用两只手拿着镊子。"

5. 数一下，孩子用镊子往碗里夹进几只棉球。

6. 表扬孩子的努力和表现，可以说：

   "妮妮，夹住了！继续！"

   "你一共往碗里夹进 9 个棉花球，真不少呢！"

7. 鼓励孩子独自作业，比如：

   "如果你需要我帮忙可以叫我。"

☀ 成长亮点

大肌肉动作先发育，因为它们比小肌肉动作更容易掌握。观察孩子掌握工具的发展过程。首先，孩子能抓住的是画图工具，如铅笔、蜡笔和粉笔。他们能用拳头握住笔涂涂画画。随后，他们能用大拇指和其他手指捏住工具。这时就可以引进钳子这类工具来锻炼手和手指的肌肉控制了。

换个花样

✌ 可使用不同的工具，如大调羹、夹子来拾取棉球。

补充信息

✌ 传递材料给孩子的时候，从他们身体的左侧或右侧，而不是正中间传过去。这能鼓励他们伸手拿东西的时候，偏转身体并越过身体中线。

注意事项

❶ 当孩子使用镊子的时候要小心照看。必要的话，事先申明正确使用的注意事项。比如说："用镊子夹棉花球，而不要去夹别的东西。"

打开、合上

发展目标

✔ 练习手眼协调　✔ 完善精细动作

材料

❏ 4—5 个带塑料扣盖的容器

❏ 篮子

准备

✌ 清洁容器，检查口沿是否锋利。如果口沿锋利，用胶布包裹。

✌ 把所有容器装进篮子，放在一个孩子容易拿到的地方。

教养策略

1. 观察孩子如何把玩材料。

2. 必要的话向孩子介绍这个活动，说明如下："珠珠，把每个罐子的盖子找出来。"

3. 孩子玩的时候，在一旁提供鼓励和帮助，可以说："用手指摁一下，会刚刚好。""再试试，这个蓝色的盖子快扣上了。"

4. 如果孩子找合适的盖子有困难，在一旁提示说："珠珠，试试这个红色的盖子，可能会合适。""这个罐子小，我们来找个小点的盖子，我来帮你。"

5. 鼓励和表扬可以让孩子在这个活动上花费更多时间，比如："珠珠，你已经扣好三个罐子啦！""你玩得很认真呢！"

6. 只要孩子有兴趣，就继续游戏。

成长亮点

随着孩子在这个时期逐步掌握小肌肉动作，他们的机能在不断成熟。尽管不同文化中孩子从事的活动方式可能不同，但发展速度和结果却是相近的。其中的里程碑包括在纸上画画的动作越来越老练。随着能力的提升，他们在套大小盒子、形状分类和扣盖子时的动作也越来越精确。

换个花样

✌ 增加挑战难度，可用旋盖式的塑料罐。

补充信息

✌ 幼儿非常热衷于开启和阖上容器，就像他们喜欢装满和倒空罐子一样。所以平时要留心收集这类东西。

跳水洼

发展目标

✔ 增强平衡技巧　✔ 练习跳跃动作

材料

☐ 蓝色薄纸

☐ 透明胶带

☐ 剪刀

准备

✌ 在地板上清空一个大区域。

✌ 用蓝色纸剪出6个"水洼"。把水洼排列在地板上，彼此间隔8—12英寸。然后用透明胶带把水洼固定在地板上。

教养策略

1. 在孩子准备游戏时介绍这个活动，说：

   "小泰，看，这里假装有一些水洼，看看你能不能一一跳进去。"

   "先看我跳，然后看看你能不能跳。"

2. 热情的语气鼓励孩子从一个水洼跳进另一个，比如说：

   "跳呀跳，从这个跳进那一个！"

3. 形容一下孩子是如何跳的：

   "小泰在双脚跳。"

   "你跳的时候还抡了胳膊。"

4. 孩子运动的时候要多多表扬：

   "跳得真远！一跳就跳进了正中心！"

   "哇！这回跳得真高！"

5. 如果现场还有其他孩子，邀请他们一起玩。

6. 如果是两个孩子一起玩，可以评论说：

   "小泰和小马在一起玩跳水洼。"

☀ 成长亮点

正常的生长发育形式很多，每个孩子的步调都不同。尽管你需要密切观察孩子是否完成了每一个阶段的任务，却应避免在孩子之间作比较或引起竞争（Greenman & Stonehouse，1996）。

换个花样

✌ 可以在地板上贴两种不同的形状，如正方形或三角形。然后鼓励孩子跳进三角形或正方形。这个活动也可以为水洼设计不同颜色。

✌ 跳的时候可以让孩子穿上塑料雨衣、雨帽和雨靴。

补充信息

✌ 观察一下，孩子们特别喜欢活动全身。如果孩子们特别喜欢这个活动，可以重复多玩几次。

沿着脚印走

发展目标

✔ 增加平衡技巧 ✔ 练习眼脚协调能力

材料

❑ 几双成人鞋子

❑ 图画纸、剪刀

❑ 透明粘纸

❑ 袋子

准备

✌ 把鞋放在叠起的图画纸上,照样描下鞋印,然后剪下。然后将透明胶纸剪成比鞋印略大的长方形。

✌ 在不同的房间之间清理出一条道路。把鞋印按走路的顺序一前一后、一左一右贴在地板上,互相间隔6英寸。然后把每个鞋印用透明胶纸固定在地板上。

✌ 把成人的鞋子放进袋子,然后放在脚印的尽头。

教养策略

1. 观察孩子对鞋印的反应,是否一下子就注意到了?如果是,他们是否沿着鞋印一路走?

2. 向孩子介绍这个活动:

   "看,昨晚有人进了我们的房间,留下来一串鞋印。我们该怎么办?"

3. 鼓励孩子们的创造性思维,问一些开放性问题:

   "为什么你们觉得有人来过了?"

   "你们猜这个人会不会留下什么东西给我们?"

4. 建议孩子们沿着脚印从头走到尾。

5. 当孩子们走在脚印上时,表扬他们:

   "你们正一个个踩着脚印走呢,左右、左右!"

   "你们都知道要伸出胳膊保持平衡了。"

6. 走到脚印尽头的时候,问问孩子们有什么新发现。

7. 必要的话,给孩子们提供一些线索,以找到装鞋子的袋子。

8. 鼓励每个孩子从袋子里拿出一双鞋穿上,然后沿着鞋印再走一遍。

9. 讨论一番,穿大人的鞋子走路是否比穿自己的鞋走路要困难。

☀ 成长亮点

孩子们在逐步提高自己的平衡技巧。看,他们很喜欢学别人走在沙滩或雪地上的样子。你可以专门为他们开辟一条道路,以促进他们的平衡和眼脚协调技巧。

换个花样

✌ 也可以剪动物或恐龙的脚印贴在地板上。

补充信息

✌ 这个活动虽然是为了身体锻炼而设计,同时也强调创造性思维。在游戏中间问一些开放性思维的问题,可以鼓励孩子从不同角度来思考问题。尽管他们还缺乏清晰表达自己思考的能力。

泡泡噼啪响

发展目标

✔ 练习跳跃　✔ 提高整个身体的协调技巧

材料

☐ 2平方英尺大小泡泡垫包装纸

☐ 宽胶带

准备

✌ 清空一块容易照看的场地。出于安全考虑，铺设地毯的地方更适应。用胶带把泡泡垫包装纸固定在地板上。

教养策略

1. 向孩子介绍这个活动说：

   "看，这里有一块泡泡纸，泡泡里有空气，一戳破它们就会发出声音。我们怎么才能把它们弄破？"

2. 和孩子交换一下答案，必要的话，可以这样说：

   "莱莱，如果我们在上面跳，会发生什么事？"

3. 鼓励孩子自己在泡泡纸上跳，自己找出答案

4. 当第一个泡泡爆裂的时候，假装很惊讶的样子。

5. 鼓励孩子和你一起蹦蹦跳跳，同时小心照看。

6. 如果只有一个孩子，你可以和他一起玩，开始跳的时候，拉着孩子的手。一边跳一边晃动手臂，以提升孩子全身的协调能力。

7. 跳的时候表扬他：

   "莱莱，你在蹦蹦跳跳。"

   "听！泡泡在劈里啪啦响！"

8. 如果现场还有其他孩子，邀请他一起玩。

成长亮点

要记得所谓模式只是一群孩子的平均表现。在孩子们能从地上跳起以前，他们已经能倒走和上楼梯了。典型的情况是，他们能在23个月大的时候双脚跳离地面。一旦他们掌握了这个技巧，是很喜欢反复跳个没完的。

换个花样

✌ 也可以给孩子一把木锤子，来敲泡泡纸。

补充信息

✌ 这是个很喧闹的活动，所以玩的时间尽量短些。如果你能找到一个安全的方案在户外玩，就在户外进行，这样噪音会小很多。

扭扭腰

发展目标

✔ 增进平衡技巧　✔ 完善全身协调能力

材料

❑ 索引卡片　　　　❑ 钢笔

准备

✌ 在地毯上清空一大块场地来准备游戏。

✌ 需要的话,把歌词写在卡片上,把卡片放在口袋里

收回胳膊(胳膊顺时针绕一圈),

伸出胳膊(胳膊逆时针绕一圈),

挥挥胳膊(挥舞胳膊),

扭一扭腰(扭动腰部),

然后转一圈(转一个圈),

就这样结束吧(按照节奏拍手)。

✌ 也可用腿、肘部、手、脚、头和其他身体部位来替换歌词。

教养策略

1. 把孩子们集中起来介绍这个活动,必要的话可以示范一下。

"我们来一起唱首好玩的歌。站起来伸开双臂,唱这首歌的时候,我们需要比较大的空间。要是你碰到了别人,再挪挪身子。很好,现在每个人的地方都够大了吧,我们一起来唱歌了。"

2. 一开始要唱得很慢,好让孩子们跟上。

3. 整个活动中要不断鼓励孩子:

"你们唱得真好!"

"真好玩!"

"大家都很当心。"

4. 只要孩子有兴趣,就一直玩下去。

成长亮点

2岁末的时候,孩子们控制身体的能力已经很强,他们喜欢跑啊跳啊舞啊。而且,他们已经能够轻松辨别人的各个身体部位。所以,将这些技能综合起来的游戏很受欢迎,可一再重复。这些活动在刺激幼儿的感官和功能系统方面也是有益的。

换个花样

✌ 天气允许的话,可以在户外进行这个活动,最好是在草地上。

注意事项

❶ 出于安全考虑,如果参与的孩子多于一个,彼此要有足够的活动空间。所以你要协调安排孩子们的站位,互相保持安全距离。

语言交流

19—24个月

听故事

发展目标

✔ 增强接受语言的技巧 ✔ 练习跟读一本书

材料

☐ 磁带或 CD

☐ 耳机

☐ 一套有声书和配套纸质书

准备

✌ 为本活动选一个场地,有儿童桌椅和电源插座。

✌ 为培养孩子的独立,在播放键上贴一个绿色点,停止键上贴一个红色点。检查机器是否正常运转。

✌ 把播放器和耳机放在桌上。

✌ 把磁带或 CD 放入播放器,书籍放在一边。

教养策略

1. 活动前向孩子介绍说:

   "艾丽斯,这也是一种读书的方式。你可以戴着耳机听书上的文字朗读,听到'哔'一声响就翻页。"

2. 帮孩子戴上耳机,可以说说戴上耳机的感觉,比如:

   "耳机很重。"

3. 然后示意如何播放,指着绿色点说:

   "绿色的意思是开始,按一下绿色键。"

4. 行动配合语言,一边按下绿色键一边说:

   "绿色就是开始,按下去就开始播音了。"

5. 观察孩子如何阅读这本书。如果孩子没有随之翻页,自己戴上耳机示范一下。用语言描述你的行为,可以说:

   "艾丽斯,我翻页了,因为刚刚听到'哔'一声响。"

   "每当里面'哔'一声,我就翻页。"

6. 当孩子听完了整本书,帮他脱掉耳机。这样做的时候,讨论一下这个活动:

   "这是一种听故事的新方法,你喜欢吗?"

7. 鼓励孩子以后重复这个活动:

"播放机和书就放在这儿,你以后可以再来听故事。"

☀ 成长亮点

语言是最重要的交流方式。当你为一个孩子朗读时,要响应孩子发出的各种声音,要用微笑或点头来表扬孩子的话,也可以用语言帮助孩子把他们断断续续的词扩展成一句句连贯的句子。这些策略都能体现语言的价值,同时鼓励孩子重复这些词。

换个花样

✌ 可以自己朗读并录制下孩子最喜欢的故事。

补充信息

✌ 如果现场有几个孩子,可以准备两到三副耳机。

✌ 有些孩子不一定喜欢戴耳机,要鼓励他们戴上试试。但是,如果他们实在感觉不舒服,也可以不戴。有声书对孩子来说仅仅是一种阅读补充,绝不能替代每天的正常阅读时间。

小波在哪里

发展目标

✔ 提升孩子的语言接收能力

✔ 展示语言表达技巧

材料

☐ 绘本《小波在哪里?》(作者:Eric Hill)

☐ 马克笔

☐ 浅黄色纸

☐ 小狗模型板

准备

✌ 先用模型板在纸上描一只小狗,剪下给孩子。如果现场的孩子多于一个,给每人准备一只小狗。然后再准备至少两只小狗的纸样,把孩子的名字写在一只小狗身上。

教养策略

1. 先示意孩子们是收拾好玩具听故事的时间了,边唱清洁歌边收拾。歌曲列表可以参考附录 G。

2. 可以协助孩子们收拾玩具,作出表率。

3. 先简单介绍一下这本书:

"我有一本关于小波的书,它藏起来了。看看我们能不能把小波找出来。"

4. 阅读故事。一边询问孩子们,小波可以藏在哪里。听听孩子们的建议。

5. 不管孩子们猜得对不对,都给予鼓励和表扬:

"洛洛猜得很有道理。"

"猜对了!"

6. 故事讲完以后,向孩子展示小狗纸样。然后让孩子闭上眼睛,把小狗藏在一个比较容易找到的地方。

7. 接下来鼓励孩子们猜一猜,小狗会藏在哪里。

8. 如果孩子们兴致很高,可以让小狗再藏一次。

9. 活动结束后,可以送每个参与的孩子一张小狗纸样。

成长亮点

幼儿在交谈、阅读的过程中,不断学习新的词汇。阅读活动可以激发对书本的兴趣,促进语言技巧的发展。和其他发展领域一样,语言发展也是不同步的,它的爆发期是断断续续的,每一个孩子的爆发时间也都不一样(Deiner,1997)。尽管如此,24 个月大的时候,大多数孩子都已能使用两个词的短语。

换个花样

✌ 可以用一个橡胶骨头玩"藏骨头"游戏,任何宠物店都可以买到这样的骨头玩具。

补充信息

✌ 根据孩子对事物的理解能力,精心选择一个藏物地点。对有些孩子来说,小狗要放在看得见的位置,对别的孩子可以增加挑战难度。

挠挠泰迪熊

发展目标

✔ 与成年人互动　✔ 练习听从指令

材料

❑ 2—3 个玩具熊

准备

✌ 把玩具熊放在一个敞开区域。

教养策略

1. 当有一名儿童抱着一只玩具熊时,建议他和小熊玩一个游戏。

2. 介绍这个游戏说:
   "小艾,我们来玩一个挠痒痒游戏。我来告诉你怎样做,你来挠泰迪熊的痒痒。"

3. 然后一一说出孩子应该挠的部位,包括脚趾头、鼻子、眼睛、下巴、手指、胳膊、腿、膝盖、耳朵和肚子。

4. 孩子挠对了地方,要不时表扬一下:
   "小艾,你找到泰迪熊的膝盖啦!"
   "泰迪熊可喜欢你挠它的肚皮啦!"

5. 和孩子聊聊被人挠痒痒的感觉,比方先问个问题:
   "小艾,你喜欢被人挠痒痒吗?"

6. 鼓励孩子重复那些指定要挠的部位,可以这样提问:
   "你现在在挠什么部位啊?"

7. 只要孩子有兴趣,就继续这个游戏。

☀ 成长亮点

　　这个年龄的孩子已经掌握必须的语言接收技巧,可以服从简单的指令。不过,你还是应该根据孩子的实际能力来调整指令语言或措辞。你可以一次只让孩子碰一个身体部位,也可以让能力更佳的孩子一次碰两个部位。这样你的活动就能照顾到发展情况不同的孩子。

换个花样

✌ 可以用娃娃来玩相似的游戏。

✌ 直接挠孩子的某个身体部位,然后鼓励孩子说出名称。

补充信息

✌ 孩子很喜欢搬移物品,这让他们产生有力量和有能力掌控环境的感觉。所以在整理打扫房间的时候,可以鼓励孩子帮忙。

出门旅行

发展目标

✔ 练习语言表达技巧　　✔ 参与假想游戏

材料

❏ 每个孩子配一个带弹簧搭扣的小手提箱或是一个儿童款小背包

❏ 一件或多件下列物品：衬衫、帽子、鞋、小玩偶或绒毛动物玩具

准备

✌ 整理所有材料，可以在一个育儿中心将这些东西整齐摆放在一个架子上，或放在一个模拟游戏区。

教养策略

1. 观察幼儿的举动，注意他们在游戏中是否使用了手提箱。

2. 如果孩子们没有使用手提箱，考虑如何把它自然融入孩子的游戏中去。比如，你可以建议假装到奶奶家去作客，必须收拾下行李。如果眼下的游戏不适合使用手提箱，可以等下个游戏。

3. 当孩子在收拾行李的时候，为了避免孩子分心，应少说话。只需提醒：

   "史蒂夫，这里有一件衬衫，你需要打包进去吗？"

   "你往箱子里装了什么？"

   "你已经准备好出门旅行了吗？"

4. 当孩子抵达目的地，鼓励他们打开手提箱取出东西。这时重心可以放在刺激语言能力上，协助孩子认识不熟悉的物品。

成长亮点

聆听孩子的谈话会发现，他们用的词多数是人名、物名和动作称谓。他们最喜爱的词指向玩具、人物、动物和食物。这个时期的语言错误主要是窄义和广义。比如说，窄义是指一个词的使用非常有限，他说"熊"是只指自己最心爱的玩具熊。而相反的是广义，就是孩子滥用一个词。比如用"小猫"来指认所有的四足动物。当孩子用词逐渐精确以后，窄义词和广义词就逐步消失了。

换个花样

✌ 和孩子讨论真实的旅行中需要打包哪些物品。

补充信息

✌ 根据孩子的暗示来扩展延伸旅行这个假想游戏。

✌ 幼儿在没有旁人互动的情况下，也能自得其乐地进行假想游戏。所以要避免在孩子没有准备好的情况下强迫孩子进行互动。

表演《珍珠小姐》

发展目标

✔ 将语言和行为联系起来　✔ 重温一首熟悉的童谣

材料

❑ 蜘蛛玩偶

❑ 小凳子或坐垫

❑ 白板

❑ 马克笔

❑ 碗和调羹

准备

✌ 先做一张海报，上面抄录童谣的歌词，把海报挂在和儿童视线相平处。

> 有位小姐叫珍珠，
>
> 坐进碗橱吃奶酥。
>
> 爬来一只大蜘蛛，
>
> 小姐逃得喘呼呼。

✌ 清空一个区域，以摆放其余材料。

教养策略

1. 当一个孩子准备游戏时，问：

   "这些东西是用来做什么的？"

   "你知道哪首儿歌里有蜘蛛？"

2. 介绍这个活动时说：

   "金金，这些东西都是用来表演儿歌《珍珠小姐》的，这里有蜘蛛、坐垫、碗和调羹。"

   "你愿意演珍珠小姐还是蜘蛛？"

3. 念这首儿歌，并鼓励孩子和你一起背诵。你也可以问：

   "儿歌里蜘蛛做了什么呀？"

4. 开始表演童谣，支持、协助孩子的表演，可以这样评论：

   "原来最后珍珠小姐逃走了！"

   "蜘蛛爬得真快！"

5. 只要孩子们有兴趣，就可以一直继续活动。

☀ 成长亮点

孩子自出生起，就应接触丰富的语言刺激活动。请记住，0—3岁时期，语言沟通领域首要的活动形式就是背诵儿歌。儿歌能够激励语言听说能力的发展。在传统童谣上加一点创新，更能吸引孩子的注意力，并鼓励他们的积极参与。

换个花样

✌ 可以选择其他传统童谣进行表扬，只要孩子喜爱，经常背诵童谣给他们听。

补充信息

✌ 如果现场的孩子多于一个，可以让孩子们轮换角色。你也可能要安排几位珍珠小姐，以使表演人人有份。

休息一会儿吧

发展目标

✔ 将书本作为休闲的方式　✔ 独自看书

材料

❏ 宁静温馨的绘本,如《想睡觉的小狮子》(作者:Ylla)

❏ 其他睡前故事书

准备

✌ 首先看一下这些睡前故事绘本,这些故事应为孩子所熟悉,能让他们独立阅读。书中的插图应优美动人,为婴幼儿选择图画书的标准请参看附录 A。

教养策略

1. 在孩子午睡以前,先换好尿布、刷牙、喝水。保证孩子所需物品都在身边。

2. 拧暗房间灯光,放轻脚步。

3. 读故事的时候,用自己的声音抚慰孩子,少提问题。

4. 慈爱地拥抱、亲吻孩子,并抚摸孩子的背。

5. 鼓励孩子自己安静地休息或看其他睡前故事书。

6. 观察孩子,如果孩子睡着了,就停止阅读。

☀ 成长亮点

为孩子选择图示的时候,要充分考虑其故事内容、插图水平、词汇量、长度以及经典与否。儿童喜欢看和自己生活息息相关的书,比如学习使用便盆、吃饭、照顾宠物、和父母分离、外祖父母、兄弟姐妹这些内容对这个阶段的孩子都很有吸引力。

换个花样

✌ 用轻柔的音乐来代替故事阅读。

补充信息

✌ 如果你照顾的是别人的孩子,要和每个家庭沟通,孩子平时在家有哪些放松和午睡的习惯。尽可能地遵循这些习惯能够减少你的困难,并延长孩子的午睡时间。

✌ 幼儿喜欢并需要那些他们在婴儿时期就养成的习惯,所以一旦建立了一套习惯就尽量保持下去。

手偶秀

发展目标

✔ 通过玩偶来说话　　✔ 练习语言表达技巧

材料

☐ 6 个不同性别、文化背景的手偶

☐ 用来放手偶的支架,可以用 6 个圆柱体或 6 个洗洁精瓶子代替

准备

✌ 清空一个地方放手偶,把每个手偶放在支架上。

教养策略

1. 当孩子拿起手偶时,先观察他的行为。

2. 自己也拿一个手偶,和孩子一起坐在地板上。如果现场还有其他孩子,背靠墙坐,以便观察全场。

3. 示范用手偶和孩子或自己交谈。比如说,聊聊眼下发生了什么。也可以问孩子的手偶一个问题。

4. 鼓励孩子用手偶进行对话。

5. 必要的话,提醒孩子:

"佩佩,你可以和手偶聊天呀。"

6. 当孩子通过手偶发言或聊天时,多加鼓励:

"你让娃娃开口说话啦!"

"你的娃娃正在说搭积木的事情呢!"

☀ 成长亮点

手偶是刺激语言发展的绝佳工具。利用手偶来讲故事能使活动更丰富多彩。手偶既容易吸引孩子的注意力,又能增加新奇感。同时,手偶也利于鼓励孩子开口并复述他们的经历和故事。而且,手偶还是表达情感的有效工具。

换个花样

✌ 使用动物玩偶。

注意事项

❗ 为避免窒息事故的发生,事先检查玩偶的眼睛是否容易脱落。

谁在说话？

发展目标

✔ 辨认别人的声音

✔ 通过麦克风讲话，练习语言表达技巧

材料

❏ 空白录音磁带

❏ 使用电池的录音机

❏ 纸和笔

准备

✌ 把磁带放进录音机，先试录一下，检查音质和录音功能是否正常。

教养策略

1. 把录音机拿到孩子跟前，先介绍这个活动，你可以说：

   "我希望你能说点什么，然后我把你的话用这个录音机录下来。等录完了，我们一起听一听，好吗？"

2. 向孩子展示录音机是如何工作的。比如按下录音键后，磁带是如何转动的。

3. 可以问孩子几个问题，以帮助孩子发言：

   "你叫什么名字？"

   "你喜欢玩什么？"

4. 倒带回去，回放孩子的讲话。

5. 谈谈孩子的声音在磁带上听起来是什么样子的。

6. 如果参与的孩子多于一人，在纸上按顺序写下孩子的名字。

7. 和其他孩子重复录音程序。如果没有其他孩子，就录下你自己的声音。

8. 等到所有人都录完音了，找一个地方大家集合，开始播放录音。

9. 鼓励孩子们猜一猜，正在讲话的人是谁。

10. 表扬孩子们对游戏的参与，可以说：

    "你猜对了！现在讲话的是阿福。"

    "继续猜，刚才讲话的不是多多。"

☼ 成长亮点

对不同声音、影像的辨别能力在这个阶段飞速发展。孩子正学习根据讲话声音和其他特征来认人。一旦认出一个声音，他们会变得很兴奋。非语言类的特征倒可能令他们迷惑。举例来说，一个孩子的妈妈是女警官，当他看到其他穿警官制服的女性时，也可能叫"妈妈"。

换个花样

✌ 当一个孩子或一群孩子唱一首喜欢的歌时，把歌声录下来。然后回放时，大家一起唱。

补充信息

✌ 可以向孩子展示如何播放和停止录音。在停止键上贴一个红点，播放键上贴一个绿点。

水果色拉

发展目标

✔ 根据形状和色彩辨认、比较水果

✔ 讨论水果的味道

材料

❑ 新鲜水果,比如菠萝、香蕉、苹果、橘子和葡萄

❑ 大塑料碗

❑ 小刀、砧板、托盘

准备

✌ 洗净水果,把它们和其他材料一起放在托盘上,把托盘放在桌上。

✌ 鼓励孩子吃东西前洗手。

教养策略

1. 介绍这个活动说:

   "看看今天我们拿什么当点心?我准备切一些水果,看着我哦。"

   "等我切完了水果,大家就可以尝尝了。"

2. 有必要事先申明一些规矩,包括:

   "只有我才可以碰这把小刀。"

   "在我切水果的时候,大家都必须坐在椅子上。"

3. 拿起一片水果,鼓励孩子们猜一猜是哪种水果:

   "这种水果叫什么名字?"

4. 讨论一下水果的外观、大小、颜色、形状等等。

5. 将水果切片,然后分给孩子。鼓励每一个孩子尝遍每一种水果。

6. 大家聊聊每种水果的味道。

7. 切开其他品种的水果,重复步骤3—6。

8. 鼓励孩子们谈谈刚刚吃下去的水果,可以这样提问:

   "哪一种水果脆?"

   "哪一种最甜?"

   "哪一种是酸的?"

9. 把没吃完的水果放在碗里,稍后可以做水果色拉。

☀ 成长亮点

有一项研究表明,提问是一种让孩子领会词语含义的有效方法。将两组父母进行比较,一组给孩子讲故事,孩子仅仅是听;另一组在讲故事的时候不时停下,问一些"哪里"和"什么样"的问题,而孩子提出会用一些关键词回答。经过这样的实验,那些回答了问题的孩子显然更能重复包含在故事里的词汇(Senechal,Thomas & Monker,1995;Kail,1998)。所以,在进行这样的活动时,提问能集中孩子的注意力,并保持他们的参与兴趣。

换个花样

✌ 可以介绍一些新的水果品种,比如猕猴桃或牛油果。

✌ 再切一些蔬菜做色拉,和午餐一起吃。

补充信息

✌ 在你选择水果的时候,要考虑有没有哪个孩子对某种水果过敏。

注意事项

❶ 为了避免窒息事故,水果切片大小要注意。葡萄是特别容易引起窒息的,所以要切成一半或更小块。

《我是一把小茶壶》

发展目标

✔ 继续发展语言表达技巧
✔ 用动作表情表演一首歌

材料

❑ 索引卡
❑ 马克笔

准备

✌ 需要的话,把歌词抄在索引卡上:

我是一把小茶壶,

小小身材胖嘟嘟。

弯弯的把手细细的嘴(右手叉腰,伸出左手,掌心向上做壶嘴状),

等到水开就欢呼。

倒一倒,倒一倒(身体往左倾),

香喷喷的好茶咕嘟嘟。

教养策略

1. 当幼儿需要一个活动时,邀请他和你一起唱。

2. 比方说,可以这样介绍这个活动:

"布布,我想教你一首新儿歌,我们一边唱一边表演,从这个动作开始。"

3. 按顺序示范每一个动作,一边用语言加以描述,比方说:

"这是我的把手。"

"弯弯腰,就是倒茶。"

4. 当孩子能够成功模仿这些动作后,开始唱歌并表演。

5. 唱歌时要非常缓慢,以鼓励孩子的参与。

6. 对孩子的参与和表演要多加赞美,这可以激起孩子的热情,比如:

"你在和我一起唱,都可以记住歌词啦!"

"布布看上去真像一把小茶壶。"

7. 只要孩子有兴趣,就一直重复表演这首歌。

☀ 成长亮点

儿童和成年人一样,大多数信息也不是通过语言来交流的。观察他们就会发现,他们在咕咕哝哝或使用电报式语言时,也会伴以手势。音乐是另一种重要的交流形式,可以在游戏时把它当做背景。它有助于加强孩子的情感表达。而且,它能拓展孩子的词汇量,释放压抑和放松心情。

换个花样

✌ 把歌曲录下来播给孩子听。

补充信息

✌ 音乐体验对孩子益处多多。将音乐变成日常生活的一部分吧!当孩子在音乐中徜徉,语言技巧也会在不知不觉中累积。

动物影子对对碰

发展目标

✔ 认识各种物品 ✔ 继续发展语言表达技巧

材料

- ❏ 海报板
- ❏ 胶水
- ❏ 杂志
- ❏ 黑色图画纸
- ❏ 剪刀、透明胶纸

准备

✌ 从杂志上剪下动物照片,贴在图画纸上描下轮廓。随后用胶水将动物轮廓粘在海报板上,上面再覆一层透明胶纸。最后,把先前的动物照片也贴上透明胶纸,剪去多余外沿。

✌ 在地板上空出一块区域,放置海报板和动物照片。

教养策略

1. 当一名幼儿选择了这个游戏,给他足够的时间探索这些材料,期间注意观察孩子的行为。

2. 必要的话可以这样介绍这个活动:
"莉莉,我们来配对。板上哪个形状看上去像鸟?"

3. 请孩子开口指认动物:
"这是什么动物?"

4. 协助幼儿进行配对寻找,可以描述动物的形状:
"这种动物有四条腿和一根长尾巴。所以现在找找有一根长长尾巴的影子。"

5. 当孩子配对成功时要加以赞赏,微笑和拍手都是无言的鼓励。也可进行口头表扬,比如:
"莉莉,做得好! 找到奶牛了!"

6. 鼓励孩子多谈谈这些动物,可以用类似问题进行提示:
"小猫喝什么?"
"小狗喜欢吃什么?"

成长亮点

幼儿需要一个丰富多彩的环境来刺激他们在认知、社交、情绪、语言和生理方面的成长。观察他们会发现他们把最多时间花在凝神观察上。好好利用这个机会来提高他们的语言水平。辨识、描述他们所看到的东西能发展他们的词汇量。

换个花样

✌ 也可在影子配对游戏中使用不同的餐具、交通工具、玩具等形象。

补充信息

✌ 选择儿童熟悉和经常看见的动物。这能增加孩子正确指认动物的机会。

模仿狗

发展目标

✔ 模仿动物的行为　✔ 模仿动物的声音

材料

- ❑ 头带
- ❑ 棕色纸
- ❑ 剪刀
- ❑ 订书机或胶水

准备

✌ 从棕色纸上剪一对耳朵下来,然后粘在头带上。

✌ 在地板上清理出一大片区域,方便活动。

教养策略

1. 把孩子们聚拢来对他们说:
   "我们等会来假装小狗,小狗是怎么叫的?"

2. 和孩子们谈论一下狗的外表特征、行为方式和感觉。

3. 先自己戴上一对耳朵,然后交给每个孩子一对耳朵,必要的话帮他们戴上。

4. 示范表演狗的动作,比方在地上爬或者汪汪叫。

5. 评论孩子们的表现,比如说:
   "肖恩,你是一只跑得很快的小狗。"
   "刚才汪汪叫得真响啊!"

6. 对孩子们的表演加以表扬,可以说:
   "你们正学小狗汪汪叫。"
   "地毯上爬着很多小狗。"

☀ 成长亮点

创意表演可以提供认知的发展、想象力和语言水平。而且,模仿动物的游戏需要发声,也同时锻炼了孩子的舌头、口腔肌肉和声带组织。

换个花样

✌ 也可表演不同的动物,如奶牛、猪、大象、猫、小马或猴子。

补充信息

✌ 模仿动物的时候,请一定在地板上爬行。

✌ 儿童在这个年龄的假象活动需要一些促进手段和工具。所以,耳朵道具是这个活动成功的重要因素。

钻隧道

发展目标

✔ 增加词汇量 ✔ 练习语言表达技巧

材料

❑ 管道封胶带

❑ 大纸板箱若干

准备

✌ 把几个纸板箱粘合在一起,做成一个隧道。选择清理一个容易照看的场地,把隧道放在场地中央。

教养策略

1. 当有一个孩子玩这个游戏时,你要注意看管。孩子爬进隧道时,你要坐在另一头的出口。

2. 为了保护孩子安全,事先申明规定。例如,如果孩子想在外面爬上盒子,你要告诉孩子,应当钻进隧道。

3. 必要的话,你可以用行动加以说明。你可以轻拍隧道内壁,一边重复说:

   "爬到隧道里来。"

4. 也可用其他孩子当行为示范:

   "你看塔塔就爬进隧道里了。"

5. 描述孩子钻隧道的过程中,重点突出三个词:里面、外面和当中。

   "你正在隧道外面爬。"

   "塔塔正在隧道当中爬。"

6. 和孩子谈谈活动的体验,比如提问:

   "你在隧道里面看见了什么?"

7. 夸奖孩子可能让他活动的时间延长,你可以说:

   "你和朋友一起钻过了隧道。"

   "你爬得很慢,钻过隧道花了不少时间呢。"

☀ 成长亮点

　　理解语言和使用语言之间的关系是不对称的。24个月大的时候,幼儿基本能理解大约300个词。相较之下,他们能使用的词在250个左右。刚开始,在理解和使用之间大约有5个月的时间差。不过,这个时间差缩小得很快。随着发育成长,孩子将能很快地把一个新学的词和一个概念联系起来(Berk,1997;Santrock,1993)。

换个花样

✌ 可以设置其他路障让孩子绕行或者穿行。可以用晾衣绳、毯子和衣夹做一顶帐篷。

补充信息

✌ 最佳的新词学习法是让孩子亲身体验,然后加以描述。换而言之,孩子更容易学会切身相关的词。

✌ 当拿别的孩子做榜样时,注意力要平均,因为孩子在很小时就能觉察到成年人的偏心。

故事被

发展目标

✔ 自主"阅读"一本书

✔ 将一条被子作为放松区域

材料

❑ 被子

❑ 容器,例如板条箱、盒子、包或篮子

准备

✌ 选择6—8本适合幼儿的书,可参看附录 A。

✌ 在一块空地上铺开被子,把书都放在被子上。把板条箱放在近旁,以方便活动结束后收拾书和被子。

教养策略

1. 活动开始后,观察孩子的行为。

2. 在孩子阅读的时候,要避免去打扰孩子。不过在孩子看完了以后,可以针对书提一些问题。问题可以包括:

   "你看的书里都有谁呀?"

   "这个故事是讲什么的呀?"

3. 鼓励孩子独立地再去看一本。但如果孩子要求,可以为他读一个故事。

4. 如果你注意到孩子变得非常兴奋,需要平静或放松。

5. 鼓励孩子自己挑一本书出来,然后在被子上和孩子坐在一起,讲故事时用你的声音、表情和肢体语言来让孩子平静下来。

6. 在阅读期间和读完以后,和孩子谈谈这本书。

7. 建议孩子再挑一本书看,而你自己退出,让孩子独立阅读。

☀ 成长亮点

　　早期的阅读体验对孩子未来的文字能力有很大影响。幼年有过读书看书经历的孩子,日后显然在学习方面胜过那些没有阅读经验的同龄人。有证据表明,聆听和对故事的响应对孩子来说是最重要的文学体验。不过,交谈和对话的重要性同样不容忽视。

换个花样

✌ 可以在帐子或印第安帐篷里设一个故事角。

补充信息

✌ 在户外阅读时应事先申明一些规定。比如为了爱护书本,不要把书拿到被子以外的地方。

认知水平

19—24个月

袜子找朋友

发展目标

✔ 将相似物品归类   ✔ 从外观分辨不同物品

材料

☐ 6 双颜色不同的袜子,如白、红、黑
☐ 装袜子的篮子

准备

✌ 把袜子混在一起,然后放进篮子。把篮子放在桌上或地板上,方便孩子拿到。

教养策略

1. 当孩子选择这个游戏时,观察孩子的行为。看看孩子如何探索篮内物品。

2. 评论一下孩子的行为,可以说:
   "本本,你把两只绿色的袜子放在一起了。"
   "你正在整理袜子呢。"

3. 根据你对孩子的了解来调整游戏方式,比如在孩子能够辨别色彩的前提下,指着袜子问:"这只袜子是什么颜色?"
   如果孩子还不能,主动介绍一下。可以先说说孩子拿在手里或摸到的袜子,比如:
   "本本,你现在摸到的是一只黑色的袜子。"
   "现在你手里有两只袜子,这只是褐色的,这只是绿色的。"

4. 鼓励孩子根据颜色来给袜子配对,找到另一只。

5. 配对成功要积极表扬,拍手或微笑,表示你为孩子的成绩而骄傲,还可以说:
   "本本,配得对。这两只袜子都是红色的。"
   "你配对的动作还真快啊!"

6. 如果孩子有兴趣,打乱袜子重新开始。

☀ 成长亮点

这个阶段的孩子开始发展分类技巧,可以根据某个特性将物品归类:颜色、大小、形状、功能或图案。分类行为的方式之一即是配对。在这个过程中,将相似的物品放在一起,幼儿可以进行简单的配对。所以在这个活动中他们会将相同颜色的袜子放在一起(Herr,1998)。

换个花样

✌ 也可以用童鞋、围巾或衬衫进行配对。

补充信息

✌ 只要可能,经常请孩子帮忙分类整理,比如收拾衣物、不易碎餐具、杂物和积木等等。

融化的冰

发展目标

✔ 观察和讨论变化

材料

- 几个大小不同的塑料盒
- 水
- 两个大收纳盒
- 工作围裙

准备

✌ 在每个盒子里装满水，冰冻制成冰块。

✌ 地板上铺设毛巾，防止滑倒。

✌ 清洗大收纳盒，把它放在合适的地方，里面注入2—3英寸水。

✌ 将冰块从盒子里取出（可能需要切开塑料盒），把冰块放进大收纳盒。

✌ 如果你在儿童托管中心工作，可能需要在桌上贴一张"洗手"的标签，提醒孩子们在开始活动前应当洗手。

教养策略

1. 必要的话，协助孩子洗手。

2. 当孩子穿上工作罩衫的时候，讨论这个活动："现在水里有一些方块，你猜猜是什么？"停顿一下，让孩子回答或讨论。

3. 鼓励孩子提出自己的假设：

   "丽丽，摸摸看，是不是硬的？"

   "我也不知道，推推看，它们会像球一样滚动吗？"

4. 必要的话，立一些规矩。比如说：

   "拍水时要轻轻的，别让水溅出来。"

   "用这块毛巾把溅出来的水擦干，以防别人踩上去滑倒。"

5. 鼓励孩子谈论一下冰块的变化，在讨论中引用一些新词，如"融化"、"固体"、"液体"、"变化"。只要可能，和孩子已有的经验联系起来。

☀ 成长亮点

学龄前儿童总是将焦点集中在开始和结果上，而忽视了其间的变化过程（Berk，1999）。而且，他们经常认定起初的状态和最终的结果之间没有关系。为孩子提供观察、讨论、掌控变化的机会能协助孩子的理解力更上一层楼。

换个花样

✌ 也可以在水结冻以前加入食品色素。

✌ 在一个天气暖和的日子在户外进行这个活动。

✌ 在结冰以前，可以往水里加些小玩具，如小车或高尔夫球。

补充信息

✌ 大多数孩子都喜欢玩水，所以很多科学概念的教学，水都是一个好媒介。通过玩水，孩子们会理解水会淋湿东西，变化成不同形态，还能被装进盒子。

注意事项

❗ 对幼儿来说，大块冰比小块冰更安全。

找颜色

发展目标

✔ 在周围环境寻找相同的颜色

✔ 分辨不同的颜色

教养策略

1. 邀请一个需要新游戏的孩子和你一起玩,比如说:
   "丹,我们来玩一个游戏。这是一个颜色配对游戏。我指一件东西,然后你要指一件不同的东西,但颜色相同,来吧!"

2. 指着房间里的一件东西,描述一下,强调它的颜色。比如说:
   "丹,这是一只黄苹果。"

3. 提醒孩子轮到他了,说:
   "现在你看看房间,找一件也是黄色的东西出来。"

4. 当孩子找到一件相同颜色的东西时,多加表扬。
   "这辆公共汽车是黄色的,找对了!"
   "你找到了一个黄色的碟子,好眼力!"

5. 如果孩子找相似的颜色比较困难,鼓励孩子说:
   "蓝色是很难找,再看看。"
   "你想拿着红色蜡笔去找找看吗?"
   "你看过那些书吗?"

6. 只要孩子感兴趣,就重复游戏。

☀ 成长亮点

颜色配对游戏也被视作数学游戏。这种活动完善了孩子的分辨能力,进而培养认知水平。颜色配对游戏也能激发语言能力发展——孩子们能为视觉形象命名。

换个花样

✌ 给孩子彩色纸以供游戏。

补充信息

✌ 在读完一个故事以后,可以玩颜色游戏。颜色游戏其实哪儿都能玩,可以在外面散步的时候或在餐馆等上菜的时候玩。

✌ 玩这个游戏的时候,仔细选择你的颜色,避免挑那些很不容易找到的颜色。

做比萨

发展目标

✔ 遵从简单的指令做比萨　✔ 观察和讨论变化

材料

❑ 每人一块英式松饼

❑ 盘子、1/4 量杯、烤箱、金属或塑料碗、纸巾

❑ 一罐比萨酱、一袋 Mozzarella 奶酪

❑ 遮护胶带、马克笔、写字板

准备

✌ 需要的话,准备一块制作说明板。上面用图标及文字一步一步将制作比萨的全过程列出。把说明板挂在你制作比萨的地方。

✌ 插上烤箱电源。

✌ 把比萨酱倒在一个碗里,奶酪末倒在另一个碗里。把 1/4 量杯放在奶酪里,集齐所有材料和工具,包括碗、调羹、盘子、奶酪和纸巾,把它们放在你的工作区域。

教养策略

1. 必要的话,先协助孩子洗手。

2. 然后指着制作说明板,介绍这个活动说:
"我们做比萨当点心,配方和做法就在这里。你们想在比萨上放点什么?"

3. 一边准备比萨一边向孩子解释。需要的话可以参照制作说明。

4. 讨论一下比萨酱和奶酪各自的滋味如何。预测一下,它们混在一起时的味道怎样。

5. 当你撒上奶酪末的时候,描述一下看上去的模样。讨论一下,奶酪在加热以后会有什么变化。介绍和解释"融化"的概念。

6. 准备烤比萨之前,要申明有关烤箱的注意事项。比如说:
"烤箱很热,所以你们要站在桌子的这头。"

"烤箱可能烫到你,所以坐在椅子上。"

7. 在开吃以前,先让比萨冷却一下。

8. 吃点心的时候,讨论一下比萨的制作过程、比萨的味道和做好的比萨外观。可以问这样一些问题:
"你的比萨是怎么做出来的?"
"奶酪现在看上去是什么样子?"
"我们还能往比萨上放什么?"

☀ 成长亮点

幼儿的发现与学习往往是经过实实在在的亲身体验来完成的。因此,他们需要一个丰富多彩、机会多多的环境来检验、探索、把握和实验。烹饪活动就是一个促进幼儿认知水平提高的好方法。幼儿或学龄前儿童通常不能意识到变化。他们只注意到开始和结束的状态,认为它们之间毫无关联,完全忽视了其间的巨大变化(Berk 1997)。所以,观察和讨论变化过程可以促进孩子语言和认知的发展。

换个花样

✌ 可以准备一块大比萨,确保人人有份。

注意事项

❗ 当烤箱变烫以后,必须特别小心。为了避免发生事故,绝不能让烤箱无人看管。安全事项也必须申明并贯彻实行。必要的话,让孩子掉转椅子,将椅背对着热源。这种坐法可以防止孩子伸手或碰触到发热的设备。

❗ 出于安全考虑,请避免使用拖线板。如果实在无法避免,将电线用胶带固定在地板上,以防止绊倒。

找照片

发展目标

✔ 分辨不同的物体　　✔ 认出照片上的人

材料

❏ 照相机
❏ 厚纸板
❏ 胶水或胶带
❏ 剪刀、篮子

准备

✍ 拍下孩子独自玩耍的照片，冲印的时候一式两份。

✍ 将厚纸板裁切成比一张照片稍大的纸板，然后用胶水或胶带将照片一一贴上去。将所有照片集中在一个篮子里，随后放在一张儿童桌上。

教养策略

1. 当一个孩子参加这个活动时，观察他的行为。

2. 必要的话，介绍这个活动说：
   "看看咱们的这些照片，找出两张一样的吧。"

3. 口头上的提示能帮助孩子寻找相同的照片，可以说：
   "塔塔，这张照片上你穿了一件红 T 恤，所以找找红 T 恤。"
   "再找一张有很多书的照片出来。"

4. 鼓励孩子辨认照片上的其他人，可以问这样的问题：
   "这张照片里还有谁？"
   "诺诺的照片在哪里？"

5. 当孩子找不到照片时，在一旁提供鼓励和支持，可以说：
   "继续找，你很努力。"
   "这是谁？他们在照片里做什么？"

6. 孩子找到照片时要表扬孩子说：

"塔塔，这两张照片一样！"

"你找到两张一模一样的照片了！"

7. 鼓励孩子继续独立玩这个游戏，不时看看孩子的需要，及时给予支持、鼓励和动力。

☀ 成长亮点

幼儿的记忆力虽不十分好，但也在不断进步中。幼儿在能认出的照片中的自己前，就能认出家庭成员。不过在两岁的时候，孩子都能认出自己（Berk，1997）。为了激发孩子这种能力，可提供镜子和照片。

换个花样

✍ 在教室布置时，可要求孩子父母或监护人提供双份的家庭照片，以重复这个找照片游戏。

补充信息

✌ 幼儿是很喜欢在照片中看到自己的。所以他们可能想连着玩几次。而且，他们还会想把照片带在身边，到处给人看看。

瓶盖分类

发展目标

✔ 根据颜色将物品分类　✔ 从外观分辨物品

材料

❑ 1½的鸡蛋盒

❑ 12 个塑料牛奶瓶盖,分两种颜色,6 个一组

准备

✌ 将瓶盖放在鸡蛋盒里,然后把盒子放在容易拿到的地方。

教养策略

1. 当一个孩子选择这个活动时,观察他的行为。

2. 问问孩子瓶盖是如何分组的。例如,你可以说:
   "告诉我,你准备怎么整理这些盖子?"

3. 如果孩子对瓶盖有自己的玩法,给他一些时间让他探索。之后,再和他谈谈相关的话题。比方说,论及瓶盖的颜色,可以说:
   "晨晨,我看到瓶盖有两种颜色:红色和绿色。"
   "我看到这里有红色的瓶盖,也有绿色的瓶盖。"

4. 必要的话,鼓励孩子继续整理瓶盖,可以问:
   "你怎样才能将这些盖子分类?"

5. 当孩子根据颜色将盖子分类时,从正面表扬他。可以说:
   "晨晨,你把盖子按照颜色分好了。"
   "现在我看到两组瓶盖,一组是红的,另一组是绿的。"

☀ 成长亮点

对幼儿来说,特别容易照做的是一些简单的指令,如按颜色分类,从外观上分辨物体的不同。你可以注意到让孩子全神贯注是一件多么困难的事。同样地,孩子也会对你有所要求——扮演好你自己的角色。比如,整理瓶盖的时候,孩子很可能反客为主,告诉你应该怎样做。你完全可以在孩子的带领下和他一起玩这个游戏。

换个花样

✌ 可以依照颜色对其他物品继续分类,比如小汽车和小飞机。

注意事项

❗ 有时候孩子还是会把各种东西放进嘴里。所以你必须确保你提供的东西不会引起窒息。

拼图游戏

发展目标

✔ 将碎片拼成一幅完整大图　　✔ 配图

材料

❑ 4—6 幅杂志或商品目录上的图,主题相同,如动物、车辆或服装

❑ 黏胶纸

❑ 厚纸板、剪刀

准备

✌ 把图片从杂志或目录上剪下,用黏胶纸贴在厚纸板上。然后把每张图一切为二。

✌ 把图片打乱,摊放在儿童桌上。

教养策略

1. 邀请一个孩子到桌边,指着图片介绍这个游戏说:
   "诺诺,帮我来拼图吧!"

2. 观察孩子是如何拼图的。

3. 孩子玩的时候,在一旁加油鼓劲能够延长孩子的耐心和游戏时间,你可以说:
   "诺诺,继续找,你已经拼好两张图了。"
   "这幅看上去挺像,两种动物都是黑色的。但它们还是有不一样的地方,找一下长尾巴。"

4. 必要的话,出手协助孩子完成拼图,比如说:
   "这里是小狗的脑袋,让我们找一幅带小狗尾巴的图。"
   "这只动物是褐色的,我们来找一张带褐色的图片。"

5. 当孩子完成一张拼图时,要多加表扬,拍手或微笑能进一步鼓励孩子。而且,可以进行这样的褒奖:
   "你完成了! 把所有图都拼出来了!"
   "诺诺真用心,一下子就拼出了三张图。"

6. 如果孩子有兴趣,可以重新打乱图片,从头玩过。

成长亮点

☀ 成长亮点

两岁末时,孩子已经在认知方面有了很大进步。游戏时,他们会借助已学过的知识,认出不同的身体部位、物品或熟悉的人。同样的,听到物品名称,他们也能进行指认。所以,拼图以及相关活动有助于提高解决问题的技巧。

换个花样

✌ 可以使用购买的拼图。

补充信息

✌ 把图片贴在厚纸板上是方便孩子抓拿。

篮子底下是什么？

发展目标

✔ 加深对物体永久性存在的认识

✔ 发展记忆力，回想并找到暂时消失的物品

材料

❑ 密实的编织篮

❑ 3件喜爱的物品，色彩鲜明，大小刚好能放入篮中

准备

✌ 把3件东西都放进篮子，然后把篮子放在孩子够不到的地方。

教养策略

1. 当孩子需要一个新游戏的时候，拿出篮子，请孩子和你一起玩。

2. 对孩子介绍这个活动时说：

   "看，我这里有三件东西：一个球、一辆车和一块积木。所有这些东西都是红色的。我会把其中一样藏在篮子底下，然后你来猜，是哪件不见了。"

3. 让孩子在你藏东西时闭上眼睛。

4. 然后让孩子睁开眼睛，猜猜消失的是哪一样。

5. 孩子猜的时候要从旁鼓励，可以说：

   "红球在的，还有什么应该在篮子里？"

   "猜对了！篮子里刚才还有红积木。"

6. 只要孩子有兴趣就继续这个游戏。不断变化藏起的物品可以维持孩子的兴趣。

成长亮点

幼儿很喜爱藏东西和找东西的游戏。到了这个年龄，他们已经能够记住东西藏在哪里。事实上，他们甚至想对换角色，他们来藏东西，你来找。

换个花样

✌ 为增加难度，可以把第一件东西放在篮子里，第二件东西放在别处。然后让孩子猜猜篮子底下的第三件东西是什么。必要的话，可以提供一些暗示。

✌ 无论是失败的尝试还是成功的猜对，都要表扬孩子。

做面团

发展目标

✔ 观察物体变化过程　✔ 讨论相似与不同点

材料

❏ 制作面团配方

❏ 制作工具

❏ 高脚椅或儿童桌

准备

✌ 根据附录 I 选择一个不复杂的面团配方,然后将相关工具准备齐全。对这个年龄段的孩子来说,最好事先就在不同容器内将干湿材料各自准备好。孩子只需动手混合材料即可。

教养策略

1. 必要的话,协助幼儿洗手。

2. 让孩子坐在高脚椅上,系好安全带。

3. 介绍这个活动,可以说:

   "姜姜,今天我们来捏面团玩,你来帮忙搅拌好吗?"

4. 讨论鼓励孩子的响应。

5. 把干材料统统倒在孩子的托盘上,鼓励孩子用手指去碰触体验。

6. 趁机向孩子介绍一些新词汇,比如"凹凸不平"、"粗糙"、"干燥"。

7. 再将湿材料倒在托盘的一角,同样鼓励孩子用手去体验材料。

8. 这次着重介绍的词汇包括"湿润"、"油腻腻"、"光滑"。

9. 建议孩子把所有材料混合到一起,讨论当干材料加入液体后,会发生什么变化。而且,讨论一下现在面团的触感和外观。

☼ 成长亮点

大多数孩子都很喜欢捏面团。因为它的形状可以任意塑造、改变。他们喜欢游戏中的手感,通常会推、拉、挤、压和揉搓面团。在这个过程中观察孩子,当他们准备好了,给他们一些小工具,如擀面棍和饼干模子,玩出更多花样。

换个花样

✌ 如果现场的孩子多于一个,鼓励孩子们帮忙,按照配方一起准备面团。

✌ 玩面团通常会搞得现场一片狼藉,所以要把高脚椅放在一张尼龙桌布上,并准备一些湿毛巾,帮孩子擦手。

品尝面包

发展目标

✔ 通过感官刺激来分辨不同的材质

✔ 对不同物品进行比较、对比

材料

❏ 全麦中东包

❏ 硬面包圈

❏ 面包卷

❏ 意大利面包

❏ 砧板和餐刀、纸巾、杯子、一罐牛奶或果汁

准备

☝ 清洁儿童桌,把所有的点心材料都放在一个托盘上。

教养策略

1. 鼓励孩子先洗手,必要的话可以提供协助。

2. 把所有东西端到桌上,让孩子坐下。

3. 先给孩子看一种面包,通过提问引出名称和描述。

   "这是什么?"

   "它看起来像什么?"

4. 讨论面包的大小、形状和颜色。

5. 切开面包、鼓励孩子尝一尝。

6. 评论一下面包的口感和味道。

7. 再选一种面包,重复步骤3到6。

8. 比较两种面包的口感和滋味。

9. 其余品种的面包按部就班。

10. 对孩子品尝比较面包的行为加以鼓励,可以说:

    "是的,面包圈和意大利面包都很有嚼劲。"

    "你观察得很仔细!全麦中东面包和面包卷都有洞洞。"

☀ 成长亮点

味觉体验对孩子来说是很重要的。因为他们通过触觉、嗅觉、视觉、听觉和味觉来学习的。通过观察和品尝面包,孩子们学习了它们的颜色、质感、香味、触感和滋味。而且,你可以通过提问和比较来帮助他们增长知识。

换个花样

☝ 用面包机烘面包。

☝ 还可以介绍其他品种的面包糕点,如玉米粉圆饼、华夫饼干、薄煎饼、油煎薄饼。

注意事项

❶ 安全第一,尤其是使用餐刀的时候要格外小心。

调色

发展目标

✔ 通过调和两种原色来制造第三种颜色

材料

❏ 参考附录 I,选取配方彩虹汤

❏ 红蓝食品色素

❏ 托盘

❏ 可密封塑料袋

❏ 准备工具

准备

✌ 先准备彩虹汤,让它冷却到室温后,用勺子舀进塑料袋。然后把塑料袋、食用色素都放到一个托盘上

✌ 清洁一张儿童桌,然后把托盘放到桌子中央

教养策略

1. 当孩子想做游戏时,走到桌边。

2. 解释这个活动说:

   "这个袋子是用来调颜料的。现在我准备把蓝颜料和红颜料放进去。来,帮我一个忙,我在放颜料的时候帮我拿住袋子。"

3. 把颜料从两边滴入袋中。

4. 尽可能将空气从袋中挤出,然后封好袋子。

5. 鼓励孩子讨论,彩虹汤发生了什么变化。比如,说说色彩在袋子里的流动。

6. 当第三种颜色出现的时候,表现出惊讶的样子,然后说:

   "发生什么事了? 我方才加进去的是红色和蓝色。看,出现了紫色,怎么回事?"

7. 和孩子谈谈这个变化过程。

☀ 成长亮点

幼儿是被色彩所环绕的。孩子可以通过辨认色彩来描述他们的世界。很多孩子在两岁时就能辨认色系。调色游戏是一个教学色彩概念的好方法,将两种原色混合就能得到第三种颜色。

换个花样

✌ 户外游戏时,可以将彩虹汤放在一个水桶或塑料盒里,然后往里面滴色素,鼓励孩子进行调色。

注意事项

❶ 很多孩子还是喜欢什么东西都往嘴里试,所以制作彩虹汤的所有材料以及色素都是无毒的。不过,如果大量吞服还是会造成胃部不适,所以对这个活动还是要严加照看。

沉或浮？

发展目标

✔ 理解"沉"与"浮"的概念　✔ 提出假设,进行证明

材料

- ☐ 浴巾
- ☐ 塑料盆
- ☐ 篮子
- ☐ 可以入水的对象,如软木塞、浮标、木块、小船、塑料汽车、高尔夫球
- ☐ 工作围兜

准备

✌ 清理一张儿童桌,铺开毛巾,将塑料盆放在上面。在盆中注入1—2英寸的水。

✌ 把沉浮对象集中在一个篮子里,然后把篮子放在盆边,把围兜放在桌角。

✌ 近处再放几块毛巾,方便随时擦干水渍。

教养策略

1. 当孩子选择这个游戏时,靠近观察孩子的行为。看看孩子是如何与手头的材料互动的。

2. 与孩子讨论放进水中的材料,指出哪些浮在水面上,哪些沉入了水底。可以这样说明:

   "软木塞和木头都浮在水面上,看到了吗? 但你看小车,已经沉到水底去了。"

3. 当孩子从篮子里拿出另一件东西时,问问孩子,它是会浮起来还是沉下去。

   "卡卡,你认为高尔夫球会沉下去还是浮起来?"

   "把小船放进水里会怎么样? 沉下去还是浮起来?"

4. 重复一遍孩子的假设,然后鼓励孩子去验证一下自己的假设。

5. 当孩子得出结论的时候,要积极表扬孩子,比如说:

   "看,球沉下去了。你早猜到了。"

   "小船浮起来了,浮在水面上。"

6. 鼓励孩子继续一件件东西猜下来。

※ 成长亮点

　　这个年龄的孩子是很急于亲手去探索世界的。给他们提供环境和材料很有必要。他们一面把玩材料,一面在观察解决问题。所以,一些科学概念可以通过这样简单的活动进行介绍。

换个花样

✌ 可以在浴缸里放大石头和小船,讨论为什么有些物体沉,有些物体浮。

✌ 如果孩子更想玩水,可以拿走沉浮对象,让孩子尽情玩耍。

螺栓与螺帽

发展目标

✔ 辨别大小　✔ 给物品配对

材料

❏ 6组大小、色彩各异的塑料螺栓和螺帽

❏ 篮子

准备

✌ 把螺栓和螺帽都放进篮子,然后放在儿童架子上。

教养策略

1. 当某个孩子选择这项活动时,观察他的行为。

2. 必要的话,介绍这个活动说:

   "罗伯特,一个螺帽配一个螺栓,看看你能不能帮他们都配好。"

3. 不断用语言鼓励孩子,可以减轻孩子的挫折感,比如说:

   "你手里的螺栓很大,让我们找一个最大的螺帽出来试试看。"

4. 必要的话,协助孩子将螺帽套在螺栓上。

5. 鼓励孩子将所有的螺栓螺帽配对。

6. 对孩子的努力和成功加以赞赏,可以说:

   "罗伯特,你在给螺栓螺帽配对的时候非常认真。"

☀ 成长亮点

哪怕是这个年龄,孩子也开始学习数学概念。数学可以说是形状和数字的科学。孩子通过玩这些彩色的螺栓和螺帽,学习了形状概念。使用这些玩具他们也可练习颜色分类。

换个花样

✌ 孩子准备好的时候,可以提供合适的扳手来拧紧螺栓与螺帽。

✌ 当游戏重心在动作技巧时,给孩子同等尺寸的螺栓螺帽。

补充信息

✌ 根据不同孩子的需求来调整你的互动方式。比如说,有的孩子只需要你陪在一旁即可,有的则还需要你的口头协助。

✌ 照看整个活动,确保孩子不会将螺栓螺帽挪作他用。

在哪个罐子底下？

发展目标

✔ 增强记忆力　　✔ 找到一件被藏起的东西

材料

❑ 3 个大小不同的罐子

❑ 一个可以放进最小罐子的玩具，但尺寸不能过小，否则可能造成窒息事故

❑ 遮护胶带

准备

✌ 用遮护胶带将罐口锋利的边沿包住。需要的话，可以用粘纸、包装纸装饰罐子。

✌ 在儿童桌上清理出一块地方，把三个罐子倒扣在上面。

✌ 把玩具藏在一个罐子底下。

教养策略

1. 孩子准备游戏时，问："思思，这些罐子是用来做什么的？"

2. 和孩子谈谈罐子的用处。一边聊，一边一一揭开每个罐子。当玩具出现的时候，做出惊讶的样子，以增加孩子的兴趣。

3. 向孩子展示你把玩具扣在了一个罐子底下，然后打乱罐子的排序。

4. 接下来让孩子猜一猜，玩具在哪个罐子底下。

5. 对孩子的猜测都加以鼓励，可以说：

   "思思，你找到玩具啦！它藏在高高瘦瘦的罐子底下。"

   "继续猜，我知道你一定能找到玩具的。"

6. 对换游戏角色，可以让孩子来藏玩具，打乱罐子，然后你来猜。

☀ 成长亮点

18—24 个月之间，孩子的认知水平发展得很快。这和表达能力、记忆力、语言技巧的发展都是同步的（Berk，1997）。目前的研究强调，一个丰富、辅助的环境能够刺激这些方面的发展（Shore，1997）。

换个花样

✌ 如果孩子的准备充分，可以藏起两个玩具，让孩子寻找其中的一个，以提高挑战难度。

补充信息

✌ 角色对调时，为了增强孩子的自尊心，故意选择没有藏玩具的罐子。

社交水平

19—24个月

传沙包

发展目标

✔ 与他人互动　✔ 参与小组游戏

材料

❏ 2—3 个外观不同的沙包

❏ 录音机或 CD 机

❏ 音乐磁带或 CD

准备

✌ 选择一个带电源插座的地方作为活动区域,给录音机或 CD 机插上电源。然后倒带或快进。选择一首喜欢的歌曲。

✌ 把沙包放在地板上。

教养策略

1. 当一个孩子拿起了沙包,讨论一下沙包的用途,可以问:
"安安,这些沙包是用来做什么的?"
"我们可以拿来玩什么?"

2. 正面的积极鼓励可以让孩子的回答更有创意,思维更发散,比如:
"好主意!我就没想到可以带出去逛街。"
"哇!你居然想到了四种玩法。"

3. 如果孩子建议传沙包,可以说:
"我们就按安安的建议去做,我们来传沙包。"

4. 孩子们玩游戏的时候,给予鼓励和建议。比如,大家是站起来还是坐下来玩。

5. 和孩子来回传递沙包。

6. 可能的话,邀请别的孩子一起来玩。

7. 传过沙包后,建议随着音乐节奏来玩。比如说:
"咱们传沙包的时候,放些音乐吧。"

8. 再次开始游戏,不接沙包的时候,随着音乐节奏拍手或舞动身体,充分表达音乐带来的快乐。

9. 只要孩子有兴趣,就一直玩下去。

成长亮点

在婴儿时期,孩子就会出现向同龄人示好的举动,早期的社交行为伴随着向同龄人微笑、发声。不过到了两岁,孩子开始对特定的人产生偏好。而且,总是有意识地去寻找他们(Spodek,1993)。

换个花样

✌ 也可以用其他东西进行传递,比如巴掌大小的填充玩偶、积木或小车。

✌ 随着音乐递沙包时也可以玩"瞬间暂停"的游戏。

补充信息

✌ 如果参与游戏的孩子超过一个,要保证每个孩子都有均等的游戏机会,以利于他们的自尊心。

注意事项

❶ 出于安全考虑,把电器设备放在孩子够不到的地方。

喷绘

发展目标

✔ 参加集体活动　✔ 与他人互动

材料

- ❑ 大张图画纸
- ❑ 4 个喷绘均匀的小喷壶
- ❑ 遮护胶带
- ❑ 食用色素和水

准备

✌ 用胶带将图画纸贴在篱笆或墙上。

✌ 在喷壶里装半壶水,然后滴几滴食用色素。用这个方法准备两瓶不同的颜色,调整喷嘴的量,防止纸张被弄得过湿。

教养策略

1. 当一个孩子准备游戏时,介绍这个活动说:
   "这是作画的新方法哦!对准画纸时按下喷头,颜色就会洒在纸上。"

2. 一边说的时候,一边示范表演如何按下喷头。事先要清楚地说明注意事项,比如说:
   "阿达,必须对准纸喷。"
   "你对准纸的上半部喷了,看,颜色都流下来了。"

3. 描述一下孩子的画,可以说:
   "你在用绿颜色喷画。"

4. 必要的话重申规定。如果孩子违反了规定,告诉他这样做的后果是什么。比如说:
   "阿达,对着纸喷。否则,你就只好玩别的游戏了。"
   如果情况得不到改变,就这样照做。

5. 正面的激励会让孩子照你说的去做,如果有好几个孩子参与这个游戏,可以说:
   "阿达正在用喷绘作画。"
   "喷呀喷,玛利亚正往纸上洒颜色。"

☀ 成长亮点

　　幼儿独自玩耍的时间要远远多于其他方式的玩耍,在这种喷绘游戏中,他们也多是平行游戏。观察他们你会发现,他们虽然使用一样的工具和材料,但还是各顾各地玩。为了提高孩子的社交能力,避免不当行为发生,成年人应向他们提供多套材料。

换个花样

✌ 合适的情况下,可以在冬天再搞一次喷绘活动,用雪地来代替画纸。

补充信息

✌ 孩子们对喷绘活动总是兴致勃勃,因为喷绘效果立竿见影。不过活动中,一定要遵守规则。如果孩子一再违反,必须拿走喷瓶去做其他游戏。

操场野餐

发展目标

✔ 参与成人扮演游戏 ✔ 与成年人互动

材料

☐ 毯子
☐ 野餐篮
☐ 绒毛玩具
☐ 塑料杯盘
☐ 各类仿真食品

准备

✌ 选择一个平坦而易于看管的区域,铺开毯子。让绒毛玩具们坐在毯子上。

✌ 把杯杯碟碟和食物都放入篮子。

教养策略

1. 准备带孩子们外出时,让他们看看野餐篮,然后可以提问:

   "托托,这是干什么用的?"

2. 简单讨论一下他们的回答,必要时宣布:

   "我们到操场上,假装野餐去。已经有些朋友在等我们了。"

3. 请孩子帮手提野餐篮。

4. 鼓励孩子参与到假想游戏中来,可以提一些问题,比如:

   "托托,大家野餐的时候都做什么呀?"

   "野餐的时候,大家吃什么呀?"

   "你说,小熊是不是饿了?"

5. 用语言描述孩子的行为。如果现场不止一个孩子,可以说:

   "托托,你在喂狮子意大利面。"

   "罗斯,你把两片面包叠在了一起,做了一份三明治。"

6. 只要有机会,将重心放在孩子之间的社交互动上。讨论两个或更多的孩子都在进行同一个活动,例如:

   "托托和罗斯都在喂动物吃饭。"

   "现在有四个人在一起野餐。"

☀ 成长亮点

幼儿开始进行角色扮演游戏了,他们特别喜欢模仿他人的行为,这也是他们学习过程的一部分。注意看,他们游戏的行为方式在改变。以前,如果他们拿一串钥匙来玩,只是摇晃或握紧。现在他们开始将钥匙这样的物品做假想扮演的道具了。孩子们现在会尝试把钥匙插进门锁,或是一辆想象中的车子。

换个花样

✌ 雨天也可以玩野餐游戏,如坐在毯子上吃点心。

补充信息

✌ 假想游戏中,孩子会使用道具来达到目的。比如喂食或穿衣,当孩子的社交和认知水平继续发展时,他们的游戏中会纳入娃娃或动物玩具。所以,你最好事先准备好这些道具。

注意事项

❗ 每当使用毯子或靠枕时,现场必须始终有人照看,以防止窒息事故。

《动物园里的动物》

发展目标

✔ 参与小组活动　✔ 和大家一起唱歌

材料

❑ 你想唱的绒毛动物或塑料动物

❑ 一个包

准备

☞ 把动物都放进包里,在你介绍活动的时候,再把包拿到游戏场地上。

教养策略

1. 把孩子们聚拢来,介绍活动说:

   "我们来唱一首有关动物园里动物的歌。这是一首新歌,我先来唱一段。"

2. 从包里拿出第一只动物,唱:

   动物园里的狮子嗷嗷嗷,成天就在家里吼。

   其余歌词包括:蛇(嘶嘶);猴子(吱吱);鹦鹉(哇哇);大猩猩(砰砰敲);驴子(依昂);熊(哇呜)

3. 让孩子们每次从包裹里拿出一只动物,然后唱有关这种动物的部分。孩子唱歌的时候可以站在你身边。

4. 在歌曲结束的时候表扬孩子,可以说:

   "谢谢你帮忙唱完了这首歌,还帮着从袋子里挑了一种动物。这首歌是我们大家一起完成的。"

5. 把包和动物放在孩子容易拿到的地方。他如果喜欢可以继续玩。

成长亮点

这个阶段的孩子能够理解自己是有别于父母、兄妹、保育员和同龄人的个体。因此他们经常给人以自我为中心的印象。因为他们相信,他人的想法和自己一样。结果,与他人的交往反而变得困难。为了让孩子能与他人健康交往,在两个或更多孩子面前示范分享与交流。

换个花样

☞ 唱唱农场里的动物或宠物。

☞ 为歌曲配上动作。

补充信息

☞ 幼儿在不断独立,鼓励他们参加相关活动,可以培养荣誉感、独立精神和自我价值认同。之所以会如此,是因为他们独立完成了任务。

自然之旅

发展目标

✔ 探索周围环境　✔ 散步的时候拉着别人的手

材料

❏ 为每个孩子准备一个大纸袋
❏ 马克笔
❏ 出去远足时必带的用品,比如纸巾、急救箱

准备

✌ 事先走一遍路线,察看是否有安全隐患。如能排除就立刻排除,不能的话更改路线。
✌ 把孩子的名字写在纸袋上,如果现场的孩子多于一个,给每人一个纸袋
✌ 集齐此次远足需要的东西,包括一个急救箱、纸巾,把它们都放进一个包。

教养策略

1. 准备外出之前,讨论一下这次自然中的散步,比如:
   "今天我们来做一件特别的事。我们出去散个步。我们到一个有很多树的公园去,一路上我们手拉手。"
2. 帮着孩子们手拉手。
3. 开始散步,一路和孩子交谈可以帮助他们提高观察力,尤其是你可以谈谈周遭的景物。可以说:
   "小米,你在看什么?"
   "这里开来一辆车,看,是红色的。"
   将注意力集中在孩子视线水平上的东西。
4. 抵达目的地的时候,给每个孩子一个纸袋,并解释其用途:
   "如果你们找到什么特别的东西想保存下来,就放进袋子。明天我们就用这些财宝做艺术品。"

5. 叫出每样放进袋子东西的名称,并尽量描述一番,比如说:
   "真是一块亮晶晶的蓝色石头呢!"
   而不是简单地说:
   "你捡到一粒石子儿。"
6. 归途上,再聊聊一路上观察到或收集到的东西。
7. 如果孩子说话说累了,可以唱一首喜欢的歌。

☀ 成长亮点

因为幼儿在天性上就是好奇的,所以他们很喜欢在住家附近散步。观察他们,会发现他们会调动所有观感去了解他们的世界。

换个花样

✌ 到大自然中去散步,仅仅去享受自然也好。

补充信息

✌ 当孩子们捡东西往袋子里放时,鼓励他们留一点给别人。
✌ 可以用散步中收集的东西制作拼贴画。
✌ 幼儿很容易疲倦,回程要设计得有趣些,所以你可能需要带童车。

注意事项

❶ 整个散步途中都必须非常小心。一旦孩子看到感兴趣的人或东西,往往会失去对安全的判断力。所以一路都必须对孩子仔细照看。

给朋友念书

发展目标

✔ 模仿游戏　✔ 与一件玩具进行社交型互动

材料

❑ 两只绒毛动物玩具

❑ 最喜爱的书

准备

✌ 把书放在容易吸引孩子注意力的地方,或者把它们整洁地展示在儿童书架上。

✌ 让绒毛玩具坐在书籍的两侧。

教养策略

1. 当孩子选了一本书时,先观察他的举动。

2. 如果孩子把书递给你,邀请你参与,为他读这本书。

3. 读书的时候,挪近绒毛玩具,或把绒毛玩具抱在腿上。用语言强调你的行为,比如说:

   "泰迪熊看不到图画,它也想听听这个故事呢!"

4. 故事讲完以后,告诉孩子你还有事要忙,鼓励孩子自己再看一本,你可以说:

   "我还要忙别的事,泰迪还想看书。你准备给它讲哪本书?"

5. 不时看看孩子在做什么。

6. 如果孩子讲完了故事,好好表扬他,可以说:

   "泰迪熊很喜欢这个故事。"

   "你给它讲了两个。"

☀ 成长亮点

孩子开始对玩具流露出越来越多的感情。这个年龄的孩子经常会对某个特定的娃娃或玩具特别喜爱。他们会拥抱、亲吻它,这是一个健康的信号。正确教养的孩子都有能力做出这种行为。

换个花样

✌ 在孩子午睡以前,鼓励孩子看书。

补充信息

✌ 为别人念书可以增强孩子的自尊心和独立感。

✌ 有的孩子喜欢带一本书上床,在睡前或睡醒后看书。

瞬间停止

发展目标

✔ 与他人互动　✔ 控制自己的身体

材料

❑ 录音机或 CD 机

❑ 最喜爱的歌曲磁带或 CD

准备

✔ 将音乐播放器插上电源，然后放在一个孩子够不到的架子上，快进或倒带，选择你们准备用来伴舞的歌。

✔ 清空一块场地作为舞池。

教养策略

1. 引导孩子来到开阔场地上。

2. 介绍这个活动说：

"我们准备随着音乐来跳舞。音乐停，我们才停。"

3. 打开音乐播放器，带头示范，随着音乐起舞。

4. 必要的话，事先立下规矩。如果照看的孩子超过一个，要让他们在规定场地里跳，以免打扰到别人。

5. 关掉音乐，停止舞蹈。你可能需要轻柔地提醒孩子，应该停下了。如果参加活动的孩子有好几个，一种办法就是将其中一个做榜样：

"小海听到音乐一停就不跳了。"

6. 再次播放音乐，开始跳舞，用微笑或大笑来表达你的愉悦心情。这也能鼓励孩子流露自己的情感。

☀ 成长亮点

因为凡事仍以自我为出发点，幼儿要表现出亲社会行为是比较困难的。成年人应当帮助他们培养这种意识，并能看出他人正需要支持与协助。而且，幼儿是很难理解他人的意图的。所以在这个活动中，你需要向他们解释，为什么某些行为会出现。例如：如果一个孩子不小心撞上了别人，你可以说："刚才有个小事故。有时我们跳舞太靠近了，就会撞到彼此。"

换个花样

✔ 变换伴舞的音乐类型，可以有快有慢，包含爵士、乡村或各类民族歌曲。

补充信息

✔ 这个活动的益处是提升儿童的社会行为技巧，刺激大肌肉的锻炼与发育。幼儿正在学习如何让自己的动作停下，所以，他们会在停下前，还动上几秒钟。而且，他们还在学习如何保持平衡。所以，一开始只暂停 10—15 秒。一旦孩子准备好了，可以慢慢地延长暂停时间。

跳颜色

发展目标

✔ 参与平行游戏 　✔ 开始游戏

材料

❑ 可能的话使用带各种颜色圈圈的垫子,否则可以参考"换个花样"板块

❑ 透明宽胶带

准备

✎ 选择一个容易照看的区域,清理后铺下垫子。用胶带固定垫子,以防滑倒。

教养策略

1. 当幼儿选择这个活动时,先观察他的行为。

2. 谈论一下孩子的选择,说:

   "安安,你选了这个游戏,你准备在这儿做什么?"

3. 讨论一下垫子可能的用途,如果孩子没有提到从一种颜色跳到另一种颜色,可以这样建议一下。

4. 鼓励孩子站到一种颜色上去,然后跳到另一个圈上。描述一下孩子所站的圈圈,可以说:

   "你从红圈圈跳到绿圈圈上去了。"

   "你从一个红圈圈跳到另一个红圈圈上,一直在相同的颜色上跳。"

5. 凭借你对孩子在色彩知识方面的了解,可以鼓励他们跳到一个指定的颜色上。你可以说:

   "现在跳到绿色的圈圈上。"

6. 如果现场的孩子多于一个,可以评论一下他们使用垫子的异同点。你可以宣布:

   "你们两个都从一个颜色跳到另一个颜色上。"

   "安安在站在红色的圈圈上,而糖糖站在蓝色的圈圈上。"

7. 正面的、积极的鼓励可以让孩子延长平行游戏的时间,你可以说:

   "你们俩在垫子上跳得很开心啊!"

   "两个好朋友在一起跳,一起玩。"

☀ 成长亮点

在这个年龄段,最常见的三种游戏形式是:独自玩耍、平行玩耍和合作玩耍。独自游戏和平行游戏是占主导地位的。合作游戏相对少见。在合作游戏中,孩子合作之间的互动包括交换玩具和评论他人的行为。他们会交谈、微笑,将自己的玩具给对方。

换个花样

✌ 可以自己制作一张地毯,将不同颜色的圈圈贴到一张尼龙布上。还有一种方法是从图画纸上剪下圈圈,然后贴到地板上。

补充信息

✌ 察看一下孩子跳跃的距离。

注意事项

❢ 不时检查一下垫子,是否牢固地贴在地板上。考虑到幼儿的平衡能力和全身的协调性,他们很可能会在垫子移动的时候失去平衡,跌倒在地。

舒服的被子

发展目标

✔ 与别的孩子分享一个空间

✔ 为一个娃娃或一个成年人读一本书

材料

❑ 一条大而松软的被子

❑ 靠枕

❑ 娃娃

❑ 书籍

准备

✌ 在房间里的空旷地区铺开被子,将枕头、娃娃和书都放在被子上。

教养策略

1. 当幼儿对这个活动显示出兴趣时,凑上去提供协助。

2. 询问一下被子的用处,可以根据孩子的回答进行延伸。例如,孩子回答:

   "书。"

   你可以回答:

   "是的,这条被子是用来读书时垫在下面。"

3. 鼓励孩子给娃娃读一个故事。

4. 如果现场还有其他孩子并想参加这个活动,讨论一下如何分享这个空间:

   "这张被子够大,可以坐三个小朋友,娜娜可以坐在哪儿?"

5. 协助孩子们解决有限的空间问题。

6. 如果超过三个孩子都想坐在被子上,做一张排队名单,让还没轮到的孩子参加别的活动。向孩子们保证,一轮到他们,你会叫他们的。

成长亮点

这个年龄的孩子都在自立和依赖之间挣扎。这种挣扎常常表现在他们行为的前后矛盾中。有时,他们会表现得十分独立,这时候,让他们自己完成一件事情是很重要的。而过了一小会儿,他们又会寻求你的帮助。

换个花样

✌ 将被子、娃娃和书拿出门,组织一次户外活动。

补充信息

✌ 在幼儿有目的地使用材料前,让他们有充分的机会去探索材料。

注意事项

❗ 枕头、毯子可能造成窒息事故,请在活动时全程看护。

动物脚印

发展目标

✔ 参与平行游戏　✔ 与一个成年人互动

材料

❏ 面团配方请参考附件 I
❏ 4 张地席
❏ 不同的塑料动物玩具,比如恐龙、猴子和狗
❏ 儿童桌或茶几

准备

✌ 选择一张儿童桌,并将地席团团铺设在其周围。将面团平均地分成几份,每个座位前放一份,外加两只小动物。

教养策略

1. 当幼儿选择这个活动时,先观察他的行为。

2. 鼓励孩子用自己的手去触摸、感觉材料。

3. 在一旁描述孩子是如何玩面团的,可以说:
   "高高,你正在用手指头挤这些面团呢!"
   "你在用手掌揉搓面团。"

4. 建议幼儿将动物们融入游戏,可以问:
   "这些小动物是做什么用的?"

5. 必要的话,示范一下,将动物的脚印留在面团上,这可以提升孩子的游戏层次。

6. 如果现场有其他孩子,邀请他加入这个游戏。

7. 如果现场有几个孩子的话,谈论一下孩子们作品的异同之处,比如:
   "高高在给恐龙拓脚印,黛黛在用拳头把面团压平。"

成长亮点

　　为了培养健康的自我认同,正面的引导是十分必要的。成年人在帮助幼儿培养各种社会行为时,可以采用直接的和间接的引导。在平行或合作游戏中,孩子可能侵犯别人的空间或拿走别人的所有物。遇到这种情况,你需要申明并执行一些规矩,必要的话,你要说明一些反面例子的后果。例如,一个孩子用手上的动物假装去咬别人,你要说:"莎拉不喜欢你这样假装去咬她。如果你再做一次,就要把动物给我了。"

换个花样

✌ 在地上铺一张塑料桌布,作为游戏区域。

补充信息

✌ 可以尝试不同的面团配方。因为它们的材质都会有小小不同,可以比较一下它们之间的差别。

✌ 可以在游戏中采用不同的动物、小擀面棍或饼干模具。

跟我学

发展目标

✔ 模仿他人的行为　　✔ 参与一个游戏

教养策略

1. 当幼儿对一个活动感兴趣时，可以建议玩一个游戏：

   "安安，我们来玩一个游戏，叫'跟我学'。仔细听和看我说什么、做什么，你准备好了吗？"

2. 先从简单的动作做起，比如拍拍手或揉揉肚子。在不同的动作之间转换时，要加以语言上的指导和说明。你可以在房间里绕圈圈，在桌子底下爬，原地跳跃，跺脚，挥舞手臂，捏捏鼻子和摇摇头。

3. 你的正面激励可能让孩子更专心致志地模仿。比如说：

   "安安，你听得很仔细。你刚才在桌子底下爬，现在又绕着它走。"

   "这个游戏你玩得真棒！我做的每件事你也都做到了。"

4. 如果孩子准备好了，可以增加游戏的难度和滑稽程度。一次同时做两件事情，可以为无法一心二用而自嘲一番：

   "一边爬一边摇头，看起来真傻啊！"

☼ 成长亮点

幼儿非常擅长观察、模仿周围的重要人物，充分利用这一点，在孩子面前示范一些亲社会行为。孩子会有样学样。例如，当孩子递东西给你时，你要回答："谢谢。"同样地，让孩子递东西给你时要说"请"。渐渐地，他们会将这些词融入自己的语言。

换个花样

❧ 让孩子带头做动作。

补充信息

❧ 如之前所述，这类活动中应多鼓励孩子爬行。爬行动作能够同时刺激大脑两侧，应多多练习。

❧ 要尊重孩子的尝试，和他一起开怀大笑，而不是嘲笑他。

保龄球

发展目标

✔ 至少与一人互动　✔ 参加一个游戏

材料

❏ 6个2升的瓶子

❏ 轻型塑料球

准备

👉 将6个瓶子摆成一个三角,将球放在几英尺开外的人行道上。如果现场有好几个孩子,布置第二个保龄球活动区。

教养策略

1. 当孩子选择这个活动时,先观察他的行为。

2. 向孩子介绍这个活动说:

   "这是保龄球游戏。滚动球去撞倒那些瓶子,瓶子倒了再扶起来,你就再玩一局。"

3. 观察孩子是如何玩这个游戏的。如果还有别的孩子在场,邀请他们一起加入。

4. 如果参与游戏的孩子多于一个,帮他们协调一下。可以说:

   "库柏,你可以等莎莎玩过以后再玩。"

   "你去摆瓶子,好让你的朋友玩。"

5. 对孩子的技巧和一起玩要都加以表扬,可以说:

   "哇! 你把六个瓶子都撞倒了。"

   "你们在一起玩保龄球。库柏先玩,莎莎后玩。"

☀ 成长亮点

幼儿常常会在不同的活动转换间感到压力。观察他们你会发现,活动转换需要等待,这对孩子来说很难。因为他们习惯有事可忙。有时候他们也会探查你的底线。比如,你让他们结束游戏时,他们会拒绝清理,哭闹,乱丢玩具。为了避免这种行为,提前几分钟通知,给他们时间来结束活动,精神上准备好下一件事。这样子,就避免了在转换时的等待。

换个花样

👉 可以在走廊或一个空旷的地方玩这个游戏。

👉 根据参加孩子的人数,你可以规定一次只让2—3个孩子参加。

去露营

发展目标

✔ 与别人分享空间　✔ 参与假想游戏

材料

- ❏ 适合 2—4 个孩子的帐篷
- ❏ 背包
- ❏ 成人尺寸的法兰绒衬衫
- ❏ 可装进背包的物品

准备

✌ 将一个方便照看的区域清理干净。在这里支起帐篷，把法兰绒衬衫、背包和其他东西放在帐篷边。

教养策略

1. 向孩子介绍这个活动，可以说：
   "我们假装去野营，你们可以钻进帐篷。这些背包是用来背装备的。"

2. 观察孩子们如何探索这些材料。

3. 协助孩子们穿上衬衫，拉上背包的拉链，再拉开拉链，并背上背包，鼓励孩子们全程动手帮忙，可以说：
   "把胳膊伸进袖子。"
   "我帮你拿着，你拉上拉链。"

4. 如果现场有两名幼儿，建议他们钻进帐篷。

5. 对分享空间提出表扬，可以说：
   "你们一起用这个帐篷。"
   "你们两个都在这个帐篷里。"

6. 用有关露营的问题来鼓励孩子参与假想游戏。比如说：
   "你们带什么去露营?"
   "你们上哪儿去露营?"

☀ 成长亮点

幼儿应自己自觉携带玩具，维护环境。所以，参与打扫是一项重要程序。不过，期望应根据儿童发展的实际状况。对这个年龄的孩子来说，收拾两个玩具是够了。随着年龄增长再提高要求。

换个花样

✌ 在户外找一个地方玩露营游戏。

补充信息

✌ 幼儿喜欢帐篷提供的私密空间。

✌ 帐篷是安全的探险玩具。为了鼓励对假想游戏的参与，可在里面放手电筒、手携收音机和睡袋。

踢球

发展目标

✔ 参与平行游戏　✔ 与成年人互动

材料

❑ 两只橡皮球

准备

✌ 将球放在一块草地上，或户外的一块空地上。

教养策略

1. 先观察孩子如何玩球。

2. 评议球的新玩法。比如说，如果孩子在滚球，建议他还可以用脚踢。

3. 除此以外，建议孩子把球踢向你。你接到球后，再轻轻把球踢回去给孩子。

4. 评议孩子或一群孩子是如何玩球的，比如：

   "你们正在踢球呢。"

   "谢尔比和黛比正在追球呢！"

5. 正面激励可以让孩子在这个活动上愿意花更多时间，可以说：

   "你把球踢给我了。"

   "踢得真棒！"

6. 幼儿在刚刚开始踢球的时候动作可能并不协调。所以你应尽量提供支持与鼓励。

☀ 成长亮点

这个活动成功的关键是选择一个合适的球，它会影响到孩子对自己的观感。球应该很轻，相当于排球大小。如果球太小，孩子抬腿提脚的时候缺乏足够的眼脚协调能力，会踢不到。因此保证活动的成功是很重要的，因为孩子会通过身体的运动能力来评价自己。

换个花样

✌ 鼓励孩子把球踢给别人。

补充信息

✌ 如果现场有几个孩子，你在每人身上花的时间应平均。每个孩子都应受到同等的关注，以让他们感受到自己作为个人的价值。

情商培养

19—24个月

揉纸团

发展目标

✔ 表达例如气愤或快乐这样的情绪
✔ 协调情绪与行为之间的关系

材料

☐ 使用过的包装纸,不同大小和图案

准备

✌ 将大张纸裁成小片,将纸张放在儿童桌的中央。

教养策略

1. 当孩子选择这个活动时,先观察他的行为。

2. 可以先介绍一下这个活动,比如:
   "兰兰,这张纸是用来揉和捏的。你可以把它揉成一个球。"

3. 描述孩子玩耍时流露出来的情绪,可以说:
   "你在微笑,揉纸团让你很开心。"
   "你看上去被吓到了,这声音吓到你了吗?"

4. 鼓励孩子表达自己不同的情绪,可以更好地理解他们。比如说:
   "如果你发脾气了,会怎样揉纸头?"

5. 接下来表扬孩子,让他进一步把情绪和行为联系起来:
   "我看得出你在发脾气,你在狠狠用力地揉纸头,鼻子也皱起来了。"

6. 示范揉纸的动作,以表达不同的情绪,如快乐、恐惧、气愤以及悲伤。可以请孩子猜一猜你心里的感受。

7. 只要孩子有兴趣,就继续这个游戏。

成长亮点

幼儿和婴儿相比,在更多情况下会表现出怒气,程度也更强烈。这种变化是和认知发展相关的。他们的行为有了更多自我意识,并能更好地觉察阻碍他们达成目标的原因在哪里,因而他们会表现出更多的愤怒情绪(Berk,1997)。

换个花样

✌ 把纸球抛进一个洗衣篮以练习手眼协调技巧。

补充信息

✌ 幼儿喜欢因果关系,并喜欢揉纸时发出的声音。身边备一些这样的纸,可以协助孩子转移不当行为的目标,比如报纸和书页。

《小小蜘蛛》

发展目标

✔ 将情绪和行为联系起来

✔ 通过一首歌来表达情绪

材料

❑ 水笔

❑ 索引卡

准备

✋ 查看附录 G 中歌曲《小小蜘蛛》，需要的话把歌词抄在索引卡上：

小小蜘蛛爬进管道，管道弯弯绕。

一场大雨浇下，蜘蛛被冲跑。

太阳公公出来把大家晒干了，

小小蜘蛛又爬呀爬，爬出了管道。

教养策略

1. 当看到一个孩子无所事事地到处游荡时，可以向他发出唱歌的邀请：

"我想唱首歌，你愿意和我一起唱吗？"

2. 一起唱《小小蜘蛛》。

3. 告诉孩子，你在唱一首和蜘蛛有关的歌。

4. 然后和孩子谈谈，哪些事情会让你和孩子难过。

5. 让孩子示范一下，他难过的时候是什么模样。

6. 然后描述一下孩子难过时的面部表情和肢体语言。比如说：

"你心里难过的时候，下嘴唇就会伸出来。你也会低头看地板，让我们一起边唱边做动作吧！"

7. 再唱一遍这首歌。

8. 表扬孩子唱歌和表演的动作，可以说：

"你的小蜘蛛真伤心。"

"你把歌里的动作都做出来了。"

"你和我一起合唱了这首歌。"

成长亮点

在这个年龄，幼儿会体验各式各样的情绪。为了协助他们，当孩子经历成功、挫折和失败的时候，成人应提供语言和行动上的支持。对孩子的成就报以微笑或点头，能传递出一种重要的精神共鸣。当孩子面临挫折的时候，要说："再试一次，真的很难。"同样的，如果孩子不能完成一项任务，比如拼图，你可以说："把这块拼图换个方向，就能嵌进去了。"

换个花样

✋ 用不同的词来表达不同的情绪，比如生气、快乐和兴奋。

✋ 唱歌的时候，用不同的面部表情来表现歌里的情绪，然后请孩子来辨认这些情绪。

补充信息

✋ 唱歌的时候，观察评估幼儿的肢体语言。孩子是否可以用行为来表达自己的情绪？如果还不能，就要将精力集中在培养这些能力上。否则，就可以开始介绍更复杂的情绪了。

爆米花

发展目标

✔ 兴奋的时候要学会自我控制

✔ 通过唱歌来表达情绪

材料

❑ 爆米花机

❑ 玉米

❑ 金属或塑料大碗

❑ 拖线板（需要的话）

准备

✦ 将所需要的设备和材料准备好，放在孩子够不到的地方。

✦ 在地板上为孩子和爆米花机腾出地方。

✦ 在吃点心的地方准备好吃点心的东西。

教养策略

1. 向孩子们介绍这个活动说：

   "今天我们爆玉米花当点心，你们吃过爆米花吗？"

2. 出于安全考虑，事先申明：

   "这机器很热，可能烫伤人，所以大家都要坐好。"

3. 给机器插上电源，然后打开开关，把玉米倒进机器。

4. 大家一起聊聊爆米花的声音。

5. 然后拍手念一首儿歌：一颗玉米跳进锅，锅里变得热烘烘；砰一声！砰一声！一颗玉米爆成花！（可以一颗、两颗念下去）

6. 当玉米一颗颗爆时，孩子们会变得十分兴奋。

7. 孩子们如果一直坐在原地不动，要提出表扬：

   "真是一群好观众。"

   "你们都很听话，所以太平无事。"

8. 洗手，然后一起享用一顿美味的点心。

成长亮点

这个年龄段的孩子很擅长模仿你的行为。当你教他们这首新儿歌时，观察他们。他们会试图跟着节奏拍手，并重复某些词。

换个花样

✦ 表演一下，想象一下，一颗玉米的模样和感受。

✦ 察看附录 F，寻找更多的爆米花童谣。

补充信息

✦ 孩子们特别喜欢吃那些他们参与准备的食物。在有些情况下，他们甚至乐于尝试从没吃过的东西，仅仅是因为他们参与了准备过程。

注意事项

❶ 爆米花对儿童可能造成窒息事故。所以，24 个月大以上的孩子才能参加这个活动。要特别当心那些不喜欢细嚼慢咽的孩子，即使他们已经 2 岁大了，呛到噎到的可能性也很大。

❶ 始终不能让孩子碰到爆米花机。

以水作画

发展目标

✔ 通过一项活动来表达快乐　　✔ 体验满足感

材料

❑ 每个孩子一个小桶
❑ 每个孩子一根 2 英寸的刷子
❑ 水

准备

✌ 往桶里装半桶水，里面放一根刷子。然后把桶放在人行道上。如果孩子多，每人准备一份。

教养策略

1. 介绍这个活动说：
   "奇奇，这里有一根刷子，一桶水，你可以用来画画。"

2. 观察孩子的行为。

3. 必要的话，可以纠正孩子的举动。比如，孩子在画地面，而你可以建议他画围墙。

4. 描述一下孩子的行为也能帮到他，比如：
   "奇奇，伸长胳膊，你正直着身子努力去够围墙的顶端呢。"
   "你从这头画到另一头。"

5. 如果有两到三个孩子同时画，可以评论一下他们的共性，比如说：
   "每个人都在画画，人人都很认真。"
   "刷了一层水，什么都像新的一样。"

6. 描述一下孩子们的情绪，可以说：
   "奇奇在微笑，很喜欢这样画吧！"
   "悦悦停下了，你一定画完了。"

☀ 成长亮点

儿童对自我的认知由两个不同但相关联的部分组成——自我价值和能力大小（Berk，1997）。自我价值是认定自己是一个重要的人物（Herr，1998）。能力大小则从另一方面相信自己能做好一件事。所以在帮助孩子发展健康的自我认知时，你必须同时考虑到这两点。只考虑孩子的自我评价是狭隘的。根据发展规律来设计合理的活动，是帮助孩子认清自身能力的一种方法。

换个花样

✌ 提供大小不同的刷子可让孩子一一试验一番。

✌ 在炎热的夏天，这是一个很棒的活动。只要孩子觉得有趣，可以一再组织这个活动。

刷牙

发展目标

✔ 练习自理能力　✔ 培养健康的生活习惯

材料

- ❏ 水槽
- ❏ 牙刷、牙膏
- ❏ 纸巾、篮子

准备

✍ 把孩子的牙刷和牙膏放在一个儿童架上或儿童柜子里。在托管中心，你还应该用名字标签清楚地标示每个孩子的东西。

教养策略

1. 吃完一顿正餐或点心后，引导幼儿来到水槽边，准备刷牙。如果需要的话，可协助提供工具。

2. 帮助孩子找到写有自己名字的篮子，比如说："康康，K 打头，康康的篮子在哪儿？在这里！"（用手指着标签）

3. 当你挤出适量牙膏时，请孩子帮忙拿着牙刷。

4. 指导孩子开始刷牙。

5. 当孩子刷牙时，你在一旁唱这首儿歌：
刷刷刷，刷刷刷，我们来刷小白牙；坚固漂亮我的牙，我们来刷小白牙。

6. 表扬孩子的刷牙动作：
"你前面、后面的牙齿都刷到了。"
"牙齿的正面和反面也都刷到了。"

7. 鼓励孩子把牙膏沫吐掉，而不是吞下去。可以说："康康，把牙膏沫吐进水槽。"

8. 把牙刷冲洗干净后，让孩子归还原处。必要的话，用纸巾把孩子脸上、手上的牙膏沫残余擦干净。

☀ 成长亮点

　　儿童对成年人提出的要求会有不同的反应。有的孩子很容易就会听从，有的孩子会抗拒。抗拒的时候，孩子的挫折感往往很强。他们的情绪会通过突然大发脾气来宣泄。这时他们想表达的是，他们已经受够了。观察他们，他们可能会扑倒在地，尖叫，蹬腿。发生这种情况时，有效的方法是冷处理，无视之。让孩子分心去做其他事往往是最有效的应对方法之一。因为孩子的情绪需要宣泄，所以不要马上转移孩子的注意力。

换个花样

✍ 吃完饭后给孩子一条热毛巾，鼓励他擦擦脸。

补充信息

✍ 防止蛀牙是十分重要的。一旦孩子开始出牙，饭后或吃过奶后就应当刷牙。在幼儿自己能够站稳之前，你一定帮他刷牙。培养孩子延续一生的健康生活习惯是成年人重要的责任。

快乐与悲伤

发展目标

✔ 辨识情绪　　✔ 将情绪与行为联系起来

材料

❑ 不同表情的面具（如无现成的可以自己用纸盘和马克笔制作）

准备

✌ 如果使用的是现成买来的面具，可以挑选一张快乐的和一张悲伤的面孔。如果是自制的，可以在正面画一张快乐的脸，反面画一张悲伤的脸。用马克笔来画，使表情清晰易懂。

教养策略

1. 拿个面具，介绍这个活动说：
   "今天我有一个故事要讲，是关于两个小朋友。他们有时会快乐，有时候悲伤。让我们来看看他们的感受。"

2. 开始讲故事，尽量让故事贴近小听众自己的生活。比如说，讨论孩子最近比较难过的事。

3. 讲故事时，描绘一种情绪时就举起相应的面具。

4. 请孩子指出讲到的情绪，比如问：
   "苏苏，现在的感觉是怎么样的啊？"

5. 活动结束时，请孩子们描述一下使得他们快乐或悲伤的事情。

☼ 成长亮点

通过直接或间接的指导，幼儿学会了情绪表达的不同方式。在不同的社会文化背景下，表达方式也是不同的。比如，当同龄人抢走他们的玩具或打了他们时，孩子可以表现出自卫性的愤怒。而间接的方式是，孩子观察他人，如何控制和表达自己的情绪（Kostelnik，1998）。

换个花样

✌ 可以从杂志上剪下代表不同情绪的脸，如惊讶、害怕或生气。可以把这些面孔贴在告示板上，然后和孩子们分享。

补充信息

✌ 幼儿经常会被面具吓到，因为他们还不太明白变形的道理，无法理解开始和结束之间的关系。所以，活动中要避免直接把面具举到孩子面前。

剥豆子

发展目标

✔ 体验一下自我满足　✔ 提高自理能力

材料

- ❑ 新鲜豌豆
- ❑ 盐和胡椒
- ❑ 篮子
- ❑ 水
- ❑ 带盖子的平底锅

准备

✌ 把豌豆清洗、晾干,然后放在篮子里。把篮子放在儿童桌上,最后把平底锅放在桌子中央。

教养策略

1. 坐在桌子上,开始剥豆壳。

2. 请一个孩子来帮你,可以说:
   "黛黛,我在剥豌豆准备做午饭,你愿意帮我的忙吗? 你先去洗洗手。"

3. 讨论一下你为什么要把豆荚剥掉,如何剥,比如说:
   "豆荚很硬,我们要剥掉。看,我先把豆荚的一端剥开,把豌豆挤出来。然后把豆荚都堆在这里。"

4. 递给孩子一个豆荚的时候,鼓励孩子把它剥开,比如说:
   "黛黛,试试看,把豆荚剥开。"

5. 表扬孩子的努力尝试,可以说:
   "黛黛,你把豆荚剥开了,真是帮了我大忙。"
   "豆荚都剥掉了,你真卖力。"

6. 把豆子都放进平底锅。

7. 聊聊怎样煮豆子。

8. 数数孩子剥了多少豆子,比如说:
   "你往锅里放了 10 颗豆子。"

9. 谢谢孩子帮忙剥豆子。

10. 洗净豆子,然后煮熟作为午餐。

成长亮点

幼儿是很喜欢模仿、协助成年人的。让他们参与一些日常家务很重要,比如准备午餐、吃点心、穿衣和收拾屋子。当第一次让孩子参与时,所耗时间必然很多。随着练习增加和孩子的慢慢成熟,孩子会变得有效率。同时,他们也需要时间学习和成年人对他们的介绍、鼓励和夸奖。

换个花样

✌ 也可以剥蚕豆或毛豆。

✌ 在花园里种一些蔬菜,成熟时准备做新鲜色拉。

补充信息

✌ 吃煮熟的豆子时,可以拿生豆子过来比较一番。讨论它们之间的不同之处,顺带提到孩子今天如何帮忙准备了午餐。为了增强记忆力,可以再拿那些豆荚出来展示。

给我一个拥抱

发展目标

✔ 表达关心　✔ 学会满足要求

材料：无

准备：无

教养策略

1. 观察一下孩子今天的情绪。

2. 如果孩子感觉挫败、悲伤或疲倦，你可走上前蹲下，让自己的脸和孩子的视线相平。

3. 参与孩子的游戏，但不要打扰到孩子。比如孩子在给娃娃喂东西吃，你自己也找一个娃娃来喂。

4. 当游戏快结束时，对孩子说：
"娜娜，我有点难过，需要一个拥抱。你能抱我一下吗？"

5. 拥抱的时候，你可以说：
"抱一抱就让我好多了。"

6. 谢谢孩子对你的安慰，可以说：
"谢谢你，娜娜，我现在感觉好多了。"
"娜娜，谢谢你这个神奇的拥抱，你让我感觉好多了。"

7. 和孩子谈谈如何从正面去满足一些需求，比如：
"当我感到难受，需要一个拥抱时，我就会去找一个人。你也会去请别人拥抱你吗？"

8. 讨论一下孩子的回答，如何鼓励孩子也要求一个拥抱，随之拥抱孩子。

☀ 成长亮点

孩子在这个阶段经常仰赖别人的暗示来指导自己的行为。他们观察父母、保育员、兄妹或同龄人的表情，这种情况被称为社会参考。当一个成年人显得害怕时，孩子马上能领会这个无声的信号，并远离令成年人害怕的东西。同样的，孩子会在这个时候跑近成年人寻求支持。

换个花样

✌ 提供娃娃或绒毛玩具以供拥抱。

✌ 如果孩子感到很快乐，也可以彼此拥抱一下。

补充信息

✌ 幼儿总是在独立和依赖之间挣扎。一方面他们想事事都独立完成，另一方面又缺乏足够的技巧。所以，幼儿始终需要关爱和支持。

✌ 对孩子的需求应开放并表现灵活。如果孩子需要帮助，请一定伸出援手，尤其是你手上的工作可以放一放的时候。

✌ 展示你的关心，爱和拥抱是会传染的。如果一个孩子感受到爱，也会将它传递给他人。

一休哥

发展目标

✔ 表达对他人的关心   ✔ 从别人那里感受到关爱

材料

❑ 索引卡

❑ 马克笔

准备

☝ 把《聪明的一休》歌词抄在索引卡上，也可以将"一休哥"改成小朋友的名字。

教养策略

1. 在日常等候的时候，比如饭前，来介绍这首歌。可以这样开始：

   "我来教你一首新歌。这首歌是唱我有多么地喜欢你。"

2. 一边用手转圈圈，一边问：

   "你能跟着做吗？"

3. 从正面表扬孩子的行动：

   "做得好！"

   "太棒了！你也行的！"

4. 做下一个动作前给孩子足够的时间模仿上一个动作。

5. 教完使用的动作后，说：

   "现在我们给动作配上歌词。"

   然后开始唱这首歌。一开始唱的慢，要保证孩子跟得上。

6. 只要时间允许，一整天都可以温习这首歌。不断重复可以帮助孩子学会歌词和动作。

☀ 成长亮点

成年人对待孩子的方式，会极大地影响到共鸣心理的发展。成年人如果显得体贴、关怀，幼儿也会依样去对待他人的痛苦。相对的，如果成年人严厉、好惩罚，儿童就不容易培养同情心或设身处地地为他人着想（Berk，1997）。

换个花样

☝ 也可以在午睡前唱这首歌。

补充信息

☝ 这首歌流行开来以后，很快成为孩子和教师的最爱。它在情绪上充满感染力，令人心情愉悦。如果你在托管中心工作，可以把歌词打印出来，和父母们以及监护人分享。

抓泡泡

发展目标

✔ 将情绪与行为联系到一起

✔ 表达如兴奋这样的情绪

材料

❑ 一瓶泡泡液,也可以自己准备,参考附录Ⅰ中的泡泡液配方

❑ 吹泡泡管

❑ 纸巾

准备

✌ 必要的话,自行准备一份泡泡液。

✌ 挑选一个安全的户外活动场地。

✌ 挑选活动场地的时候,必须考虑到地面状况。幼儿正在发展平衡和协调技巧。追逐泡泡的时候,他们可能会跌倒。水泥地面因此不合适,松软的草地是最能提供安全保护的。

教养策略

1. 观察玩耍中的孩子。当他准备换个游戏时,把泡泡液和吹管交给他。

2. 在这个活动中,你的站位比较重要。要坐在你能照看到场上每一个人的位置。如果有风,要确保风能够将泡泡带过整个场地。

3. 开始自己先吹一阵泡泡,观察孩子是否注意到你。如果是,继续吹。否则的话,叫孩子的名字,吸引他的注意力。

4. 通常幼儿是想参与吹泡泡活动的。出于安全考虑,鼓励孩子去追逐泡泡,说:

"丁丁,去抓泡泡,看看你能抓住几个。"

5. 描述一下孩子在游戏中的反应,可以帮助孩子理解自己的情绪。

"你抓住了一个,笑得真开心,肯定很得意吧。"

"哦,表情真伤心,泡泡逃走了,是不是很伤心?"

6. 为了鼓励孩子的参与,提供一些支持,可以说:

"丁丁,就差一点点了,你差一点就抓到那个泡泡了,再试试。"

"这里又来了一个泡泡,试着抓住它。"

7. 正面的鼓励可以让孩子追泡泡追得久一点。所以,你的谈论要充满情绪色彩,比如:

"丁丁,你追泡泡真认真。"

"哇!你已经把泡泡给抓住了!"

☀ 成长亮点

出生伊始,孩子就会开始自我控制。这时候孩子意识到自己必须对他人的行为作出反应。两岁的时候,孩子已经有了自我控制的意识。比如,如果别人告诉他们不要碰某件东西,孩子可能会克制自己的欲望。这时,他们会记得,有人告诉过自己不要碰它。不过,小心照看总是必须的。因为孩子可能会忘记或当时过于兴奋。

换个花样

✌ 也可以用不同的工具来制造泡泡。比如过滤篮子、奶茶吸管或出现裂缝的勺子。

✌ 当孩子能熟练地吹泡泡时,鼓励他们自己吹。

注意事项

❶ 玩泡泡时要特别小心。泡泡液接触到眼睛可能引起不适。所以在你吹泡泡的时候,请孩子站远一点。孩子抓了几个泡泡后,用纸巾擦干净他的手。

小朋友感觉怎么样？

发展目标

✔ 将行为和情绪联系起来　✔ 辨识一种情绪表达

材料

❑ 书上、杂志上和商品目录上的儿童照片

❑ 透明胶纸

❑ 篮子

准备

✌ 挑选一下书上、杂志上和商品目录上的照片，剪下那些带不同表情的照片，给图片覆上一层透明胶纸，加以保护。

✌ 将图片放进篮子，放到孩子够不到的架子上。

教养策略

1. 当你看的一个孩子需要一个新活动时，拿过篮子，然后和孩子一起坐到地板上。

2. 介绍这个活动说：

   "小米，今天我们有一些图片玩。看小朋友的表情都不一样。让我们来看看每个小朋友的感觉如何？"

3. 比如，举起第一张照片说：

   "让我们先好好看这个小朋友。"

   然后给孩子时间好好看看。

4. 为了鼓励孩子辨识情绪，问孩子：

   "小米，这个小朋友现在感觉如何？"

5. 如果孩子回答"生气"，点头同意并问：

   "小朋友看起来真的很生气吗？"

6. 然后问问孩子为什么知道对方的情绪，将重点放在行为和情绪的关联上，这可以提升孩子的理解力。

7. 最后问问孩子，快乐的理由有哪些。例如：

   "小米，为什么这个小朋友很快乐？"

   "什么事让她这么开心？"

8. 一张一张图片看下来，只要孩子有兴趣将继续玩下去。

成长亮点

整个童年，孩子都会有情绪显现。9 个月大的时候，婴儿就已经体验了四大基本情绪：快乐、气愤、悲伤和恐惧。生命的第二年，五种新的情绪会出现，包括骄傲、内疚、关心、嫉妒和叛逆。观察一下，幼儿选择面临的任务之一就是情绪的自我控制。随着幼儿的成熟，他们的情绪反应会越来越多样化，同时也越来越复杂。他们生气时会尖叫、撅嘴、敲打东西、抓人和推人。而且，他们是根据自己的需求变化情绪的。当孩子持续发展认知和语言能力时，也会开始用词汇来表达自己的情绪。同样的，他们也能识别别人的情绪。他们也会说"妈妈开心"、"汤米难过"、"宝宝哭了"（Kostelnik，1998）。

换个花样

✌ 共读一本图画书时，也可以重复这个活动。

补充信息

✌ 幼儿会有几个月的时间使用电报式语言。所以你需要补充他们的句子来扩展他们的语言发展。比如孩子说"玩具坏了"，你可以延展说："小朋友很难过，因为他的玩具坏了。"

✌ 成年人应经常提问，不过有时也要自问自答。

随音乐描绘色彩

发展目标

✔ 通过艺术活动来表达内心感受

✔ 讨论内心感受

材料

❑ 录音机或 CD 机

❑ 古典音乐或爵士乐的磁带或 CD

❑ 8½×11 英寸大小的浅色图画纸,每个孩子一份

❑ 每个孩子一个篮子、每个孩子一盒粗蜡笔

准备

✌ 把图画纸放在儿童桌上,把一篮子蜡笔放在纸边。如果参加活动的孩子多于一个,一一照此办理。

✌ 给录音机和 CD 机插上电源,然后放在孩子够不到的架子上。放入你挑选的磁带或 CD。

教养策略

1. 当一个孩子选择这个活动时,开始播放音乐。

2. 观察孩子的行为。

3. 如果孩子随着音乐涂鸦,描述一下孩子的行为。比如说:

   "艾米,你画得好快,就和音乐一样。"

4. 如果孩子忽视音乐,你可以示范一下。根据音乐描绘,用语言强调你的行为:

   "艾米,音乐现在很轻柔舒缓,所以我慢慢画一个很大的圆。"

   "现在音乐节奏很快,所以我画了很多短线条。"

5. 尽量减少对话,为孩子营造一个安静的氛围。

6. 幼儿画完以后,讨论一下他的画作。形容一下你看到的东西,比如:

   "艾米,你用了很多红色。"

   "看这些长长的线,它们从这头伸到那头。"

7. 延伸你的话题,讨论一下这些歌曲令孩子和你有什么感受。可以这样问孩子:

   "艾米,你听到音乐后感觉如何?"

成长亮点

在游戏中,孩子总是会展示情绪。这些情绪也会根据环境变化而变得强烈。儿童需要恰如其分的自我表达技巧,因此经常需要成年人的引导和协助。对学习技巧的孩子而言,成年人应事先申明一些规定,并在必要的时候推动一下。比如,当孩子乱扔玩具时,成年人应干预,可以说:"你生气了,但你不能伤到别人。"成年人应培养这样的观念:孩子的情绪是正常的,但这种行为是不能容忍的。

换个花样

✌ 实验不同类型的音乐。

补充信息

✌ 当听到音乐画画的时候,避免画具体的物品。幼儿主要还是涂鸦,他们缺乏绘画技巧。

高尔夫球画

发展目标
✔ 将情绪与行为联系起来
✔ 通过艺术活动表达情感

材料
❑ 未使用过的比萨盒子
❑ 图画纸
❑ 遮护胶带、颜料、湿海绵
❑ 每个孩子一个高尔夫球、一个塑料颜料盒，一把勺子、一件工作罩衫

准备
✌ 裁剪图画纸，大小正好可以贴进比萨盒子。用胶带在盒盖和盒子里各贴一张。
✌ 将颜料调制到理想的稠度，加入液体皂，以方便稍后清洗。然后将颜料注入盒子内。如果参与的孩子多于一个，平均分配颜料。然后在每人的颜料盒里各放一个高尔夫球和一把勺子。
✌ 在儿童桌上放一个比萨盒子，一盒颜料，把工作罩衫搭在椅背上。

教养策略
1. 当孩子准备活动时，一边帮他穿上工作罩衫，一边介绍说：
   "木木，把球放在颜料里滚一滚，然后放进比萨盒子。"
   停顿一下，让孩子按照指示去做。
   "现在盖好盒子，开始摇。你可以同时完成两幅画哦，试试看。"
2. 必要的话，协助孩子把高尔夫球放进盒子。
3. 鼓励孩子用不同的动作摇晃盒子。比如左右摇晃、动作忽快忽慢，然后问孩子在不同的情绪下会有什么反应。比如：
   "要是你很高兴时，会怎么摇孩子？"
   "要是你很难过，会怎么摇？"
4. 当孩子将情绪与动作的关联表演出来时，正面表扬他：
   "木木，我可以看出你在生气。你的额头都皱起来了，在狠狠摇着盒子。"
   "你在一边笑一边摇盒子，看起来很快乐。"
5. 用湿海绵擦掉溅出的颜料和弄脏的手。

☀ 成长亮点
在这个发展阶段，孩子学会了两种不同的语言表达方式。一种是客观的，包括他们的行为、目的、方位。基本上，这种对话是描述正在发生的事。而主观描述包括情感、感觉、情绪和社交体验。艺术活动中，孩子会用主观的表述方式，谈论自己的感受和需求。相较而言，客观描述注重使用材料、工具和结果。

换个花样
✌ 介绍其他艺术表现形式，比如海绵画、饼干模具印画。
✌ 户外活动时，可以用一个冰箱包装盒，然后用涂满颜料的大球比如篮球、足球或垒球来玩。鼓励两个或更多的孩子一起用力摇盒子。

补充信息
✌ 每次使用颜料时，都要准备一块湿海绵。如果颜料溅出来，立刻用海绵擦掉。

你独一无二

发展目标

✔ 为自己感到自豪　✔ 认识到自己的独一无二

材料

❑ 索引卡
❑ 马克笔

准备

✌ 背下歌词，或把歌词抄在索引卡上，把卡片揣在口袋里：

我独一无二，独一无二，天下就这一个（点头）。

我是特别的我（指着自己），因为我就是我。

也可以把"我"换成"你"。

教养策略

1. 在临睡前或一个安静的时刻，介绍这首歌。

2. 可以将这首歌作为抚慰唱给孩子听。如果你照看的孩子超过一个，分别为每个孩子唱一遍。

3. 可以揉揉孩子的肚子，帮助他平静下来。

4. 在孩子睡着以前，可以多唱几遍。

☀ 成长亮点

　　自我意识的出现，是成年人强调的结果。在某些文化中，骄傲来自慷慨、助人和与人分享。不过，不同的文化会造成不同的理解。在一种文化中引起自豪的举动可能在另一种文化中带来尴尬。在某些文化中，自豪来自集体成就。而在另一种文化中，个人表现最令人骄傲（Kail，1998）。

换个花样

✌ 谈谈孩子的某些特质。

补充信息

✌ 幼儿通常在临睡前很难安静下来。改变一下环境或睡前习惯，可以减少这些问题。

✌ 和婴儿一样，幼儿也需要有规律的生活。因此，稳定的生活习惯是指导幼儿行为的重要手段。

婴幼儿推荐用书

婴幼儿应该从小沉浸在一个文学作品丰富的环境中。未来阅读的基础甚至有可能在出生的头几个月就已经打下，充满关爱的成年人让孩子有机会多接触书籍，是对他们未来文字能力的滋养。书籍和口语都是帮助婴幼儿熟悉语言的工具。年幼的孩子都喜欢翻书、听故事，他们也非常喜欢成年人反反复复为他们读书时，那种画面和声音的刺激。

书籍对孩子有以下几个方面的帮助：

◆ 发展视觉敏锐度

◆ 发展视觉记忆力

◆ 发展听力

◆ 发展听觉记忆力

◆ 传递新的和有趣的信息

◆ 介绍新的词汇

◆ 刺激新的思考和想法

◆ 帮助孩子掌握看书的动作技巧，例如翻页，同时欣赏文字和图画

根据婴幼儿的特点而精心设计的书籍汗牛充栋。那些最佳的范例通常包含丰富的版式设计、清晰的主题、简单的故事、独特的艺术表现形式或摄影作品。

那些专门为婴儿提供的书籍尺寸都是比较小的，根据孩子小手的尺寸以及他们喜欢坐在大人腿上阅读的习惯而设计。这些书的书页通常很厚实或很柔软，同时考虑到了安全问题和孩子翻页的难易。很多书的页面都带有可擦拭的覆膜，而且是安全的圆角设计。它们的材质包括布、尼龙和可在浴缸里浮起的气垫塑料。它们的内容主要是通过清晰的图片或照片来表现婴儿自身以及相关的生活。

向幼儿提供的书籍也使用小尺寸，材质坚固。其他特征包括互动性，例如触摸材质、开窗翻片、可拆卸或粘贴的部分。内容主题依然以识物和简单故事为主。近来，一些著名的图画书也被改制成纸板书，大大提高了幼儿阅读材料的质量。

书籍的选择

根据幼儿的年龄段来选择童书是件花心思的事。选择的第一个指导方向即获奖童书。你可以在当地图书馆向图书管理员索要一个获奖童书的目录；同样，可以请当地书店的销售人员提供信息。通常他们手头都有一份这样的目录，或者可以通过网络搜索找到信息。网络销售商当然也能向你提供相关咨询。

你在选择一本图画书的时候，要先看看图画的大小和质量，仔细地查看。你会发现，针对婴幼儿的绘本的插画艺术风格非常多元化，有照片、水彩、线条画、拼贴等。当你检查书的时候，记得婴幼儿需要大幅的、现实风格的插图。现实主义插画有两大功能：吸引孩子的注意力和兴趣，让他们有识物的能力。

除了获奖情况和插图的质量，你还应该根据以下标准为婴幼儿挑选书籍：

✔ 这本书的内容对孩子们合适吗？

✔ 这本书的视觉魅力足够吗？

✔ 书页是否厚实、牢固、容易清洁？

✔ 插图是否足够大、色彩鲜艳？

✔ 插画里是否包含了孩子熟悉的人、事、物？

✔ 这个故事能否折射出孩子自己的生活经验？

✔ 书中词汇是否恰当？

针对幼儿的书，你需要问自己以下问题：

✔ 这个故事是不是简单易懂？

✔ 这个故事有没有包含反复的、富有韵律的句子来鼓励孩子跟着念？

✔ 这个故事有没有包含不同种族、文化和能力的孩子或主角？

向纸页书的演进

大一些的孩子开始向一般的纸页书进发了。刚开始，可以在你能够一直照看的情况下给孩子纸页书。因为这时候孩子的精细动作还比较笨拙，可能会撕坏书。而且，孩子可能会按照翻纸板书的方式来翻纸页书，所以你必须教导孩子如何"像个大孩子那样"小心爱护书籍。

为婴幼儿读书的建议

针对为婴幼儿读书的活动，我们有以下七个建议：

◇ 先得坐得舒服！坐在沙发上、摇椅上，或者直接坐在地板上，后背靠着墙。把孩子抱在腿上，或者和一组小孩子亲密地坐在一起。

◇ 读故事的时候要慢慢地，给孩子们充裕的时间来观察、欣赏插图。这能让每一个人都充分享受书本带来的乐趣。

◇ 可以中间提问，让孩子们参与谈话。因为阅读活动不仅仅刺激听力，也应促进语言表达能力的发展。

◇ 可以暂停一下，鼓励孩子们和你一起大声念。你会发现婴儿会咿咿呀呀，而幼儿会说几个词。这些经验都能加强孩子在交流中的角色转换技巧。

◇ 让孩子来主导。比如，鼓励孩子来翻页。不要担心孩子会跳过几页，因为很可能以后你们还会重读这本书，可以补充这次遗漏的部分。

◇ 鼓励孩子读故事给你听。阅读时间长短要根据孩子的兴趣。强迫孩子把书读完只会消磨他们对书籍的热爱。

◇ 通过你的声音和面部表情来传递你对这本书的热情。当成年人也乐在其中的时候，孩子们才能学会热爱书籍。

婴儿用书分类：

布书

尼龙书、浴缸专用塑料书

触觉书

纸板书

1—2 岁幼儿推荐书单

丛书名:《小波在哪里?》

作　者:[英]艾瑞克·希尔　著,彭懿　译

出版社:接力出版社

丛书名:《晚安,月亮》

作　者:[英]玛格丽特·怀斯·布朗

出版社:北方妇女儿童出版社

《好饿的毛毛虫》

作　者:[美]艾瑞克·卡尔　编绘,郑明进　译

出版社:明天出版社

《中国童谣》(毛毛虫童书馆第四辑,全八册)

作　者:李光迪,金波　文,田原,胡永凯　图

出版社:连环画出版社

《四点半》

作　者:[韩]尹石重　著,[韩]李晗庚　绘,苏茉　译

出版社:接力出版社

《我是小袋袋》(五册)

作　者:[英]切尔齐尔　文,[英]福格　图,漪然　译

出版社:湖南少儿出版社

《五味太郎》系列《谁藏在那儿》,《我说了吧》,《一起玩儿吧》,《不要紧吧,小老鼠》

作　者:[日]五味太郎　著,王煜婷　译

出版社:江苏少年儿童出版社

《小猫当当》系列

作　者:[日]清野幸子　著,猿渡静子　译

出版社:南海出版社

《可爱的鼠小弟》系列

作　者:[日]中江嘉男　文,[日]上野纪子　绘,赵静、文纪子　译

出版社:南海出版社

《蓝色小考拉》系列(十册)

作　者:[法]居特曼　著,[法]哈朗斯勒本　绘,罗静平　译

出版社:接力出版社

《噼里啪啦　橡树林的故事》(翻片书,共四册)

作　者:[英]朱莉娅·唐纳森　文,[德]阿克塞尔·舍夫勒　图,杨安定　译

出版社:二十一世纪出版社

《小小弗洛格成长故事》(全八册,四季场景翻翻书、场景数数书)

作　者:[荷]马克思·维尔修斯

出版社:湖南少年儿童出版社

为儿童选择材料与玩具的注意事项

虽然大多数材料与玩具看似安全，但你会发现，幼儿有种不可思议的能力，能把它们的零部件一一给拆下来。这很容易造成危险。所以，为了减少安全隐患，你必须时常检查这些物品。当选择和购买各类专供幼儿使用的材料与玩具时，请按照表中各项仔细确认，保证使用的绝对安全。

安全事项	是	否
A. 是否易碎？		
B. 是否耐用？		
C. 可否洗涤？		
D. 是否够大、难以吞咽？		
E. 有没有可拆下的零部件？		
F. 是否有锐利边缘？		
G. 是否由无毒材料制成？		
H. 是否有容易夹伤人的缝隙？		
I. 所占空间是否合适？		
有助于儿童成长		
A. 是否按照儿童年龄设计？		
B. 是否挑战儿童的能力？		
C. 对已有的材料与玩具是否是一种补充？		
D. 是否培养多重技巧？		
E. 是否需要孩子的参与？		
F. 是中性化的设计吗？		
G. 是否鼓励多元文化的视角？		
H. 是否宣扬非暴力的游戏方式？		

促进婴幼儿健康成长发育的材料与玩具

各种材料与玩具在促进婴幼儿健康成长发育方面，扮演着重要的角色，同时也为孩子提供了很多乐趣。

促进婴儿成长发育的材料与玩具

动物玩具	不同人种的娃娃	可弹出玩偶的玩具或匣子
婴儿乳液	面团、陶土	手指谣玩具
球类	橡皮筋、松紧带	木偶
铃铛	填充型玩具	大块拼图
毯子或垫子	小滑翔机	推、拉玩具
轻型积木	高脚椅	不同大小、形状、重量和材质的响铃
书籍（黑白以及彩色图画书——纸板书、布书、塑料书）	日用品（罐、平底锅、木制勺、金属或塑料碗、洗衣篮等）	木马
不同材质的地毯片	婴儿椅	摇椅
小车玩具	童车	塑料玩具
音乐类型丰富的磁带或光盘：爵士、摇篮曲、古典音乐等	可串大珠子	挤压型玩具
沙发或牢固的家具	不易碎镜子	可叠起套环
粗蜡笔	带轮子玩具	手推童车
换尿布桌	儿童型乐器	绒毛动物玩具
不易碎的餐具（杯、勺、碟等）	套杯	透光画
玩偶配件：小毯子、小床、娃娃衣服	奶嘴	录音机或 CD 机
	小桶、小铲	磨牙环
	笔刷	毛巾
	儿童照片	玩具电话机
	靠枕	带轮子的玩具
		风铃

促进幼儿健康成长发育的材料与玩具（包含上表内所有玩具）

积木	敲击类玩具（锤子、钉子）	简单形状分类玩具
纸盒	面具	串珠
扮家家玩具：锅、碗、盆	螺帽螺栓	交通工具：小轿车、卡车、船、火车、飞机
服饰：帽、鞋、围巾、首饰和钱包	铅笔、颜料、可洗彩水笔	小三轮
小鼓	套圈玩具	小拖车
带轮子的前推玩具	沙坑工具：铲子、勺子、筛子	独轮手推车
	简单拼图	

13—36 个月幼儿活动

对幼儿来说,肢体活动,比如带音乐的,是十分有意义的。它是幼儿表达自己的重要工具。他们可以根据口头指令或音乐来活动,比如说,你可以请孩子们像大象一样踏着沉重的步子或像小兔一样蹦蹦跳跳。记住,孩子对活动的反应是根据年龄变化的。通过肢体活动,孩子们可以:

- 学会一些词汇,比如快、慢、轻、响
- 活动的时候探究自己的身体
- 练习韵律节奏和身体活动的结合
- 根据空间位置活动身体
- 表达自己的想象力(Herr,2001)

这个附录包含了一些专门为幼儿设计的肢体活动。为了介绍这些活动,你应该边描述,边亲身做出示范。

听鼓声

快、慢、重重的、轻轻的、大的、小的

模仿动物

像一只又大又重的大象那样挪动

像一只又小又重的青蛙那样移动

像一只又大又轻的沙滩球那样动

像一只又小又轻的蝴蝶那样飞舞

收到礼物的哑剧

你要得到一件礼物

礼物盒子是什么形状?

盒子有多大?摸摸盒子

拿起盒子,打开包装

把礼物拿出来,然后放回原地

职业哑剧

让我们看看一个小丑怎么做

让我们看看一个卡车司机怎么做

让我们看看一个小婴儿会怎样

让我们看看妈妈什么样

让我们看看爸爸什么样

让我们看看一个公交司机怎么做

情绪哑剧

让我看看你高兴的时候什么样

让我看看你累了的时候什么样

让我看看你早上起床什么样

让我看看你难过的时候什么样

让我看看你生气的时候什么样

空间位置

把左腿伸出来

把右腿往后伸

抬腿

试着去够天花板

摸摸地板

时间概念

飞快地跑

慢吞吞地走

跳上跳下

慢慢跳

快快跳

慢慢在地板上坐下来

慢慢在地板上蜷缩起来

最喜爱的手指谣、童谣和儿歌

　　手指谣、童谣和儿歌都能帮助婴幼儿发展社交技巧、听觉记忆、语言表达能力和概念的形成。它们也能让孩子们了解自己身体的各个部位，并意识到自己是一个独立的、有行动能力的人。手指谣同时应用了多种多样的动作和词汇，有些还包括全身动作。举例来说，"一只小猪"就是深受幼儿喜爱的一首手指谣。孩子越小，节奏和肢体语言就应该越简单。对这些孩子来说，大幅度的身体语言更合适。孩子在学会那些词汇以前，就会看着你并模仿动作。非常典型的情况是，大一些的孩子在经过几遍重复后，能够逐渐学会一些词语。在这个附录中，包含了一些孩子喜爱的手指谣、童谣和儿歌（有的英文歌的韵律，译后无法表达，因此选用了类似的中文儿歌代替）。值得重视的是，手指谣可以作为"我是谁？"概念教学的重要方法加以应用；当幼龄的孩子听到自己的名字被包含在歌谣中时，会特别高兴。

伸手摸摸头

伸手摸摸头，变个大马猴。
摸摸小鼻梁，变头小绵羊。
摸摸小耳垂，变匹小乌骓。
摸摸小脖颈，变条小蚯蚓。
摸摸肩膀头，变头小黄牛。
摸摸咯吱窝，变匹小骆驼。
摸摸胳膊肘，变只小黑狗。
摸摸小手心，变只小青蝇。
摸摸肚脐眼，变个小不点。
摸摸脊梁沟，变个小泥鳅。
摸摸屁股蛋，变条小黄鳝。
摸摸小腿肚，变个小白兔。
摸摸脚底板，变个小橄榄。

手指头大变身

一根手指头，变呀变呀变，
变成毛毛虫。（左右手食指相对向前拱）

两根手指头，变呀变呀变，
变成小白兔。（两根手指放在头顶）

三根手指头，变呀变呀变，

变成小花猫。（三根手指放在嘴边，扮成胡须）

四根手指头，变呀变呀变，
变成花蝴蝶。（左右手大拇指勾在一起，伸展其余四根手指扇动）

五根手指头，变呀变呀变，
变成大螃蟹。（两手手心向下靠拢，八根手指模仿蟹脚爬动）

金锁银锁

金锁银锁，（成人和孩子面对面，伸出一只手，手心向下。宝宝把食指伸出，向上抵住成人掌心，并左右转动，作钥匙开锁状）
嘎啦啦一锁！（成人迅速握拳，抓孩子的手指。孩子则及时缩回食指，不被抓住）

小动物

让我们（模仿动物相应动作）
像只小兔蹦蹦蹦，
像只青蛙跳跳跳，
像只小鸭迈步子，
像只小鸟飞飞飞，
像条小鱼游游游。

刷牙

我在刷牙刷刷刷,(假装刷牙动作)

左右左右刷刷刷。

喝口水来漱漱口,(鼓起腮帮子作喷水状)

看看自己笑眯眯。(向彼此微笑)

转圈圈

我们一起转圈圈,

小小步子慢慢走。

步子慢慢来迈大,

我们一起站圈圈。

拍手 1

拍拍手,一二三,

像我一样来拍手。

绕绕手,一二三,

像我一样来绕手。

拍手 2

拍拍手,拍拍手,

拍得慢,慢慢拍。

拍拍手,拍拍手,

拍得快,快快拍。

时钟

(表演小钟时用手指转圈,表演大钟时用手臂转圈)

小小时钟正在走,

嚓嚓嚓嚓,嚓嚓嚓嚓。

大大笨钟正在走,

嘀嗒嘀嗒,嘀嗒嘀嗒。

找朋友

找呀找,找朋友,

找到一个好朋友。

敬个礼,握握手,

你是我的好朋友。

这有一个球

这有一个球,(把两手手指拢起作球状)

这有一个大球,(把两手手臂合起作球状)

还有一个最大的球,(伸展开两条手臂)

现在我们数一数,一共几个球?(每次相应做动作,表示尺寸不断变大)

我爱我家

有的家很大,(伸展双臂)

有的家很小,(收拢双臂)

但是我还是,

最爱我的家(交叉双臂拥抱自己)。

开开关关

打开,关上;打开,关上;打开,关上;我们一起拍小手;

打开,关上;打开,关上;打开,关上;这有一群小豆豆。

爬呀爬,爬呀爬,

手指爬上小下巴。

张开小嘴,

可别放进去。

开开关关,开开关关,

飞到肩膀上,

然后变成小鸟,

飞上天空,

最后落地,

快捡起来。

转个圈圈,转个圈圈,

越来越快,越来越快,

越来越慢,越来越慢。

我的全身

脑袋、肩膀、膝盖和脚趾头，

膝盖和脚趾头。

眼睛、耳朵、嘴巴和小鼻头。

脑袋、肩膀、膝盖和脚趾头，

膝盖和脚趾头。

左手右手

这是我的右手，

我来举高高。（举高右手）

这是我的左手，

我来做体操。（举高左手）

右手，（摊开右手掌心）

左手，（摊开左手掌心）

绕一绕。（绕两手）

左手，（伸出左手）

右手，（伸出右手）

嘭嘭嘭。（两手握拳相击）

我的小乌龟

这是我的小乌龟，（握拳，伸出大拇指代表乌龟头部）

住的硬壳像钢盔。（把大拇指藏进拳头）

想吃东西伸出头，（把大拇指伸出）

想睡大觉缩回去。（把大拇指藏进拳头）

小小茶壶

我是一把小茶壶，

小小身材胖嘟嘟。

弯弯的把手细细的嘴，（右手插腰，伸出左手，掌

心向上作壶嘴状）

等到水开就欢呼。

倒一倒，倒一倒，（身体往左倾）

香喷喷的好茶咕嘟嘟。

小小蜘蛛

小小蜘蛛爬进管道，管道弯弯绕，

一场大雨浇下，蜘蛛被冲跑。

太阳公公出来，把大家晒干了，

小小蜘蛛又爬呀爬，爬出了管道。

红豆粥、绿豆粥

红豆粥烫，

绿豆粥凉，

粥放在锅里时间长。

有人喜欢烫，

有人喜欢凉，

有人说先要尝一尝。

珍珠小姐

有位小姐叫珍珠，

坐进碗橱吃奶酥。

爬来一只大蜘蛛，

小姐逃走呜呜呜。

小老鼠

小老鼠，上灯台，

偷油吃，下不来。

喵喵喵，猫来了，

叽里咕噜滚下来。

歌　曲

音乐是世界性语言，对所有年龄的孩子来说它都是一种完美的表达方式。婴幼儿需要在非常自然的情况下体验大量不同类型的音乐。他们喜爱轻柔、舒缓、温暖的摇篮曲。除了摇篮曲，古典音乐、民族音乐和不同种族、文化的音乐传统都应让他们体验。孩子喜欢关于动物和熟悉物品的歌曲，讲故事的和不断重复迭句的歌曲也非常受他们欢迎。针对他们的年龄、能力和兴趣，选择那些旋律节奏鲜明，但歌词简单的歌曲。幼儿更容易记住这样的歌曲。唱歌的时候，要感情充沛。

音乐对幼儿来说也是一种珍贵的体验。孩子在活动和午睡的时候都喜欢听音乐。音乐促进了听力的发育，增加了孩子的词汇量。它是一种工具，能够教会孩子一些新的概念，如上、下、快、慢、重、轻、小声、响等。音乐释放了压力，刺激了想象力，同时刺激了听觉记忆力的发展。

歌曲目录

《小燕子》

王路　词　王云阶　曲

小燕子，穿花衣，
年年春天来这里。
我问燕子你为啥来？
燕子说，这里的春天最美丽。

《聪明的一休》

格叽格叽格叽格叽格叽格叽，
我们爱你。
格叽格叽格叽格叽格叽格叽，
聪明伶俐。
机智啊那个也比不过小机灵，
大风大雨什么都不畏惧小机灵。
淘气顽皮顽皮淘气数第一，
骂人打架却从来没有你小机灵。
啊，
啊，
开动脑筋呀。
困难重重，
困难重重，
你毫不介意，

毫不介意，
毫不介意，
毫不介意。
爱惜时光，
学习知识，
你却最努力。
同情弱者，
不怕邪恶，
帮助别人不忘记。
格叽格叽格叽格叽格叽格叽，
我们爱你。
格叽格叽格叽格叽格叽格叽，
聪明伶俐，
小一休！

《海鸥》

金波　词，宋军　曲

海鸥，海鸥，我们的朋友，你是我们的好朋友。
当我们坐上船儿去出航，你总飞在我们的船前船后。
你扇动着洁白的翅膀，向我们快乐地招手。
海鸥，海鸥，我们的朋友，海鸥，我们的好朋友。

《两只老虎》

两只老虎，两只老虎，跑得快，跑得快，

一只没有耳朵，一只没有尾巴，

真奇怪！真奇怪！

《小兔子乖乖》

小兔儿乖乖，

把门儿开开，

快点儿开开，

我要进来。

不开不开我不开，

妈妈没回来，

谁来也不开。

小兔儿乖乖，

把门儿开开，

快点儿开开，

我要进来。

就开就开我就开，

妈妈回来了，

我就把门开。

《小白船》（朝鲜童谣）

蓝蓝的天空银河里，有只小白船。

船上有棵桂花树，白兔在游玩。

桨儿桨儿看不见，船上也没帆，

飘呀飘呀，飘向西天。

渡过那条银河水，走向云彩国。

走过那个云彩国，再向哪儿去？

在那遥远的地方，闪着金光，

晨星是灯塔，照呀照得亮。

《采蘑菇的小姑娘》

采蘑菇的小姑娘，背着一个大竹筐，清晨光着小
脚丫，走遍森林和山冈。

她采的蘑菇最多，多得像那星星数不清，她采的

蘑菇最大，大得像那小伞装满筐，噻箩箩！

《小毛驴》

我有一只小毛驴我从来也不骑，有一天我心血来
潮骑着去赶集。我手里拿着小皮鞭我心里正得意，不
知怎么哗拉拉拉拉我摔了一身泥。

《健康歌》

左三圈，右三圈，脖子扭扭，屁股扭扭，

早睡早起，咱们来做运动。

抖抖手啊，抖抖脚啊，

勤做深呼吸，学爷爷唱唱跳跳，

你才不会老。

笑眯眯，笑眯眯，

做人客气，快乐容易，

爷爷说的容易，早上起床哈啾，哈啾，

不要乱吃零食，多喝开水，

咕噜咕噜，我比谁更有活力。

左三圈，右三圈，

脖子扭扭，屁股扭扭，

早睡早起，咱们来做运动。

抖抖手啊，抖抖脚啊，

勤做深呼吸，学爷爷唱唱跳跳，

我也不会老。

笑眯眯，笑眯眯，对人客气，笑容可掬，

你越来越美丽，人人都说 nice nice。

饭前记得洗手，饭后记得漱口漱口，

健康的人快乐多。

左三圈，右三圈，脖子扭扭，屁股扭扭，

早睡早起，咱们来做运动。

抖抖手啊，抖抖脚啊，

勤做深呼吸，学爷爷唱唱跳跳，

我们不会老。

《蓝精灵》

在那山的那边海的那边有一群蓝精灵,他们活泼又聪明,他们调皮又灵敏。他们自由自在生活在那绿色的大森林,他们善良勇敢相互都欢喜。噢,可爱的蓝精灵,噢,可爱的蓝精灵,他们齐心合力开动脑筋斗败了格格巫,他们唱歌跳舞快乐多欢喜。

节奏乐器

使用节奏乐器是一种教会孩子表达自我的教学方法。节奏乐器可以是普通的家居用品，也可以通过教学用具商店或邮购、网购购买。样品包括：

现售商品：

鼓

铃鼓

铜钹

摇铃

沙球

家居用品

锅

平底锅

盖子

木勺

铝煎锅

金属

金属打蛋器

塑料碗

你也能即兴创作和改装一些东西——旧罐头、带塑料盖的薯条罐、咖啡瓶等。这些东西都可以拿来当鼓敲。如果你把一些小东西放进罐子里，也可以变成摇铃。不过，要记得用胶带封好罐子的盖子，别让孩子把盖子取下来。

配 方

面团和黏土是能令幼儿心满意足的游戏材料。面团比黏土要柔软,所以通常更受幼儿青睐,而且面团更容易揉搓变形。假如你给孩子一块面团,不待你开口,孩子就会开始对它戳呀、推呀、滚呀、捏呀、掰呀、挤呀,捣个没完。相比较而言,黏土更坚硬,需要发育得更好的手做动作来处理。因此,黏土适合年龄大一些的孩子。

可以用来塑形的面团和黏土对幼儿来说是非常有价值的工具。玩黏土、面团及其相关玩具可以给孩子带来的益处是:

✔ 用自己的感官去探索材料

✔ 表达自己的想法和思路

✔ 学习材料的物理属性

✔ 发展选择能力

✔ 学会了解工具在人类手中能产生的价值

✔ 提高理解能力

✔ 发展小肌肉协调技巧

✔ 发展手眼协调技巧

✔ 实验性探索、表达自己的情绪

黏土或面团可以染色,以增加乐趣。食物染色剂是比较好的染色材料,因为它们不会蹭在孩子的手上。食物染色剂可以直接添加到配方的液体材料中。而且,蛋白颜料可以添加到面粉中。这种方法需要揉搓面团。大概一加仑容积的密封塑料袋是用来揉搓带蛋白颜料的面团的好工具。

给每个孩子一块和橘子或葡萄柚差不多大小的面团。除非桌面本身的材料是丽光板或人造、天然大理石,否则,必须在桌面上盖一层方便清洗或一次性的桌布。玩面团的时候也有注意事项,这些规定包括:1.面团只能在桌上或是你指定的区域玩;2.孩子互相不应影响、干涉对方的玩法;3.玩过任何材料后,孩子都应洗手。并且,在孩子玩面团的时候,一定要始终有成年人在场照看。尽管面团是无毒的,但还是有可能被孩子误食,造成胃部不适。

面团或黏土配方

黏面团

3 杯面粉

3 杯盐

3 汤匙明矾

搅拌材料,慢慢加水,一次只加一点,用调羹搅拌。当材料变得粘稠起来时,用手进行搅拌,直到它达到理想黏度。如果感觉太干,就加水;如果太稀薄,就加等量的面粉和盐。

游戏黏土

2 杯面粉

1 杯盐

1 杯热水

2 汤匙食用油

4 茶匙食用色素塔塔粉

均匀搅拌。反复揉搓，直至材料变得光滑。这份面团可以用密封塑料袋或塑料盒保存，以备下次再次使用。如果面团变黏，可以再加些面粉。

最受欢迎的面团

将 2 杯水

1/2 杯盐

食用色素或蛋白颜料煮至完全溶解；

同时往热材料里添加：

2 汤匙食用油

2 汤匙明矾

2 杯面粉

大概将成品揉搓 5 分钟，直至表面光滑，然后放入密封盒中保存。

玉米淀粉苏打面团

2 杯玉米淀粉

4 杯食用苏打粉

2 又 1/2 杯水

需要的话，可添加食用色素

在一个平底锅中，将食用苏打粉、玉米淀粉和水混合，用中火加热，一边慢慢搅拌。当混合物变得黏稠并成团后，从火上拿开。材料冷却后，反复揉搓，在此过程中可以加入食用色素。（注意：如果你只为一个孩子准备面团，将所有材料减半。）

玉米淀粉面团

1/2 杯盐

1/4 杯水

1/2 杯玉米淀粉

食用色素

将所有材料充分混合后用小火加热，同时不断搅拌。待材料成团后，加入相应的食用色素。

棉绒面团

1/2 杯细棉绒

1 杯温水

1/3 杯面粉

1 滴肉桂油或丁香油

将棉绒和水放在平底锅里搅拌，棉绒会吸取绝大多数的水分。然后加入面粉，不断搅拌。加入油后用中火加热。当材料表面拱起时，放到耐热桌面上冷却 10 分钟。（注意：这种材料不易保存，所以应立刻使用。）

微波炉面团

2 杯面粉

1/2 杯玉米淀粉

2 杯水

1 杯盐

1 汤匙明矾

1 汤匙食用油

食用色素

将面粉、盐、玉米淀粉和明矾放入一个 2 夸脱的碗里。将水、油和食用色素搅拌均匀，然后倒在干材料中开始搅拌。放入微波炉，每加热 1 分钟，就搅拌一次。一共加热 4 分半钟或 5 分钟。然后待混合物冷却。

沙子面团

4 杯细沙

3 杯面粉

1/4 杯玉米淀粉

1/4 杯油

1 杯水

在碗里把沙子和面粉混合。然后加入玉米淀粉、油和水。如果需要的话，可以加入更多的水以达到理想柔软度。

面包师面团 1

1 杯玉米淀粉

2 杯食用苏打粉

1 又 1/2 杯冷水

将所有材料混合，搅拌直至表面光滑。然后用中火加热，直至材料变得像土豆泥一样。然后把材料放在盘子或碗里，上面盖一块湿布。当材料冷却时，用手反复揉搓直至表面光滑，然后放在洒了玉米淀粉的桌面上。用塑料袋或密封容器保存。

面包师面团 2

4 杯面粉

1 又 1/2 杯水

1 杯盐

将所有材料充分搅拌,揉搓 5—10 分钟。然后用擀面棍擀至 1/4 英寸的厚度。用曲奇饼模子或小刀切下,上部各钻一个孔。放入 250 摄氏度的烤箱中烘烤 2 小时。待冷却后,可以用蛋白颜料或亚克力颜料在上面画画,末了刷一层指甲油。

云朵面团

3 杯水

1 杯油

香精油(胡椒油、冬绿油或柠檬精油)

食用色素

将所有材料搅拌,如果想要成品更柔软可以再加半杯水。

锯木屑面团

2 杯锯木屑

3 杯面粉

1 杯盐

将所有材料混合。根据需要加水。这种面团会变得非常坚硬,不易摔碎。适宜用来制作想永久保存的物品。

煮熟的面团

1 杯面粉

半杯玉米淀粉

4 杯水

1 杯盐

3 或 4 磅面粉

需要的话可以添加染色剂

这个配方的材料需要慢慢耐心地搅拌。将玉米淀粉和面粉用冷水混合。水中加入盐后煮开。将煮开的盐水倒入面粉混合物里,用水浴法煮至透明。然后在锅中加入面粉和色素,进行揉搓。如果成品太湿,可以加入面粉;如果太干,可以加水。用湿布或湿毛巾把面团卷起来放在有盖子的容器内保存。这种面团的质地非常好,适用于所有年龄组。可以保存 2—3 个星期。

咸面团

4 杯盐

1 杯玉米淀粉

将足量水和材料混合，形成一个面团。用中火加热，不断搅拌。

游戏面团

5 杯面粉

2 杯盐

4 汤匙食用油

加水至合适的稠度

面粉中可以事先加入蛋白颜料粉，或者在最后的面团成品中加入食用色素。这种面团可以放在塑料袋中或带盖子的容器内保存大约 2—4 个星期。最好在变硬以前作为游戏面团使用。

肥皂和锯木屑

1 杯皂液

1 杯锯木屑

充分搅拌材料。这种材料的外观和触感十分特别，对所有年龄组的孩子来说，可以轻易地将其塑造成各种形状。保存在密封塑料袋中，可以使用 2—3 天。

咖啡渣

2 杯咖啡渣

1/2 杯盐

1 又 1/2 杯燕麦片

把所有材料混合，加入足够的水。孩子喜欢滚动、抓握和拍击这种材料。这份材料的外观和触感十分与众不同，但制作成品并不合适，不过材质很特殊。

肥皂

2 杯肥皂碎屑

加入足够的水，搅拌达到合适的可塑粘稠度。可以使用比较好的品牌香皂，塑形的时候，材料里可能还掺有碎皂片。这对所有年龄组的孩子来说，既容易加工，又非常好玩。而且，它的质感和一般的捏塑材料非常不同。它可以保存起来晾干，但这种材料需要很长时间才能彻底干透。

手指画颜料

液体淀粉法

1 罐液体淀粉

干燥的蛋白颜料粉，装在胡椒瓶里

把 1 汤匙的液体淀粉倒在需要上色的画面上,让孩子们把颜料粉抖在上面。然后混合颜料。(注意:如果画面上的颜色太浓稠,可以滴几滴水上去。)

肥皂片法

在一个小碗里把肥皂片和少量水混合。

用打蛋器将溶液打至硬化。在深色纸上用白色肥皂作画。或者在肥皂里加一些食用色素,这样就可以在浅色纸上作画。这样的作品会有一点点三维的效果。

生上浆剂

将 1 杯上浆剂、1 杯冷水和 3 杯肥皂片混合,可以快速制造手指画颜料。

面粉与盐法 1

1 杯面粉

1 杯半盐

3/4 杯水

色素

将面粉和盐用筛子筛过,加入水后,会形成一种和其他手指画颜料都截然不同的颗粒状质地,为作画提供一种特别的触觉体验。有的孩子特别喜欢这种触感,将一杯半盐加入其他配方也都能产生这种效果。

面粉与盐法 2

2 杯面粉

2 汤匙盐

3 杯冷水

2 杯热水

食用色素

将盐加入面粉后,慢慢注入冷水,不断用打蛋器搅拌,直到质地变得光滑。然后加入热水,煮开,直至液体变得清澈。再搅拌,同时加入色素。使用 1/4 杯的食用色素可制成 8—9 盎司的鲜艳颜料。

速成生面粉法

1 品脱水(2 杯)

1 杯半菱粉(用来给肉汤勾芡的原料)

将水倒入碗中,然后慢慢把菱粉倒入水中,添加色素。这里不使用面粉是因为面粉通常会结块。

熟淀粉法

1 杯上浆剂,用少许冷水溶化

5 杯开水，慢慢加入上浆剂

1 汤匙甘油（可任选）

将此混合溶液煮至粘稠平滑。然后加入 1 杯肥皂片，分成几份后加入不同的色素颜色。待冷却后即可使用。

玉米淀粉法

慢慢地将 2 夸脱水倒入 1 杯玉米淀粉中。煮至透明后，加入半杯肥皂片。还可以加入几滴甘油或冬绿油。

面粉法

将 1 杯面粉和 1 杯冷水混合。加入 3 杯开水，然后把溶液煮开，同时不断搅拌。加入 1 汤匙明矾和色素。这个配方的颜料晾干后很平整，不需要熨烫。

彩虹汤

1 杯玉米淀粉

4 杯水

半杯糖

食用色素（如果需要）

将水、玉米淀粉和糖煮至粘稠，然后搅拌至透明光滑。根据需要颜色的深浅加入食用色素。

建议：

准备手指画活动时，附近要有自来水和毛巾或者提供一大盆水，方便孩子清洗。手指画可以在一张光滑的桌面上、油布上或食堂餐盘上进行创作。有的孩子更喜欢用刮胡膏在油布上画画。食用色素或颜料粉可以事先添加到颜料中去，或者让孩子们自己选择想加的颜色。有时候你把颜色都调好了，更能吸引那些犹豫不决的孩子来到画桌边。

吹泡泡液

泡泡液 1

1 杯水

2 汤匙清洁剂

1 汤匙甘油

半茶匙糖

泡泡液 2

2/3 杯洗洁精

1 加仑水

1 汤匙甘油(可选)

在使用以前,至少将溶液露天放置一天。

泡泡液 3

3 杯水

2 杯洗洁精

半杯卡罗糖浆

配方来源:Herr,J.(2000).《儿童早期课堂创意资源》第三版(*Creative resources for the early childhood classroom*)。Albany,NY:Delmar

成长评估表

幼儿姓名：

观察员姓名：

观察日期：

生理发育	观察所得	
出生到 3 个月	日期	评论
反射行为—吮吸，迈步，挥舞四肢 拍打眼前出现的东西，但动作不协调 趴地时会昂起头来 抬头和抬起肩膀 从侧躺滚到平躺 眼睛跟着物体移动		
4—6 个月		
用手拿住积木 伸出一只手取物 从平卧滚至侧卧 动作协调地伸手够物 凭借支撑物坐起 在两手之间传递物品 用任意一只手抓东西 用手臂支撑分腿坐稳		
7—9 个月		
独自坐稳 行走反射回归，当被抱起呈直立状态，会有跳跃动作出现 坐起时，会身体前倾取物 用手和膝盖撑起身体，但容易前倒 扭动爬行 尝试站立 拍手 在成人的协助下站起来 学习精细的动作，用大拇指和食指拾起东西 会用大拇指和其他手指拿起东西 敲打东西		
10—12 个月		
用双腿支持全身重量 可以被牵着手走路 沿着家具或支撑物走动 独立站立 独立行走 沿楼梯或台阶攀爬 自动放掉手里的东西 坐起时平衡感好，转变姿势时也不会跌倒 脱掉鞋袜		

生理发育	观察所得	
13—18 个月	日期	评论
垒起两块积木 翻动纸板书的书页一次 2 到 3 页 喜欢涂鸦 顺畅行走 行走时可携带或拖拽一个玩具 在协助下走上楼梯		
19—24 个月		
独自走上楼梯，每次一阶 蹦跳 踢球 慢慢跑动 显示对使用某只手的偏好 可以拼起 3 片拼图 垂直搭起 6 块积木		
25—36 个月		
行走时跨越障碍物 奔跑时动作接近成人，膝盖微屈，双臂朝相反方向摆动 独自走下楼梯 随着音乐踏步前进 用腿踢动带轮子玩具 骑三轮车 绘画时挥舞整条手臂 根据意愿向前抛球 垒砌 8—10 块积木 模仿成人画圆圈、水平或垂直线条 一页页翻书 并拢手指舀取小物件 用鞋带串起大珠子		
其余生理发育观察记录		

* 成长评估表中所列不同特性的出现时间仅是平均状况。因为每个儿童的差异性，这些特征的出现会有早晚。

语言沟通	观察所得	
出生到 3 个月	日期	评论
用哭声、咿呀声和面部表情来进行沟通 偏爱人类的声音 咿呀作声 大笑 通过微笑和咿呀儿语主动与养育者交流		

语言沟通	观察所得	
	日期	评论
4—6 个月		
咕哝、自言自语 模糊地根据母语发音 标准化、系统化的元音辅音搭配 参与成年人发起的互动游戏 轮流发起互动		
7—9 个月		
咕哝声转变成大声的、有节奏的高低音 出现辅音 通过手势进行交流,多为指物 会说妈妈和爸爸,但并不能将词和父母联系在一起		
10—12 个月		
用非语言的手势来影响他人的行为 展示语言理解的能力 挥手再见 说出第一个可辨识的词 主动发起与成人的游戏		
13—18 个月		
有 10—20 个词的词汇量 开始讲"自创语言" 连起两个词,使用电报式语言 经历语言爆发期 理解大约 50 个词		
19—24 个月		
继续使用电报式语言 能连起 3 个词 讲话,25%的话能被听懂 用名字指代自己 在一句话里用 3—4 个词 理解的词汇达到 300 个 掌握的词汇量达 250 个左右		
25—36 个月		
继续使用电报式语言,每句话包含 3—4 个词 讲完整句,词序自然 展现有效的谈话技巧 用"我"而不是名字指代自己 谈论非眼前发生的事物 理解一定的语法 词汇量飞速增加,达到 300 个左右 喜爱成人为其阅读故事,其间伴以指物、聊天和翻书动作		
其余生理发育观察记录		

* 成长评估表中所列不同特性的出现时间仅是平均状况。因为每个儿童的差异性,这些特征的出现会有早晚。

认知水平	观察所得	
出生到 3 个月	日期	评论
用哭声求助 反射行为 喜好看图案、大圆点、水平条纹和人脸 模仿成人的面部表情 用眼睛搜索声音来源 从一定距离外认出熟悉的人 重复某些肢体动作,例如吮吸、挥拍和抓握 发现手脚隶属于自己		
4—6 个月		
通过声音认人 喜爱一些重复动作,如晃动摇铃,以制造外部结果 用眼睛搜索声音来源 喜欢看自己的手和脚 寻找被部分遮掩的东西 有目的性地使用玩具 模仿简单动作 凭借已有动作探索玩具,如吮吸、敲打、抓握和摇晃		
7—9 个月		
喜欢看印有熟悉物品的书 区别熟悉与陌生的面孔 带有目的性的行为 期待即将发生的事情 找到完全藏起的物品 不成熟地模仿一些日常举动 开始喜欢装满和清空容器		
10—12 个月		
主动用某些方法来解决问题,比如摇晃一个容器以倒空里面的东西 根据要求,指出身体的各个部位 故意掉下玩具,然后反复看向掉落物体的方向 挥手道别 显示更强的记忆能力 遵循简单的一步式指令 根据外观对物体进行分类 到第二个地方寻找物品		
13—18 个月		
用新奇的方式探索物体的属性 通过不断地尝试解决问题 实验因果关系,比如打开电视机、敲鼓等 玩指示身体部位游戏 模仿他人有趣的行为 认出照片上的家庭成员		

认知水平	观察所得	
19—24 个月	日期	评论
在读书或游玩时根据要求辨别指出不同物体 根据形状与色彩分类 认出照片上和镜子里的自己 进行模仿 玩功能性游戏 找到被移出视线之外的物品 通过内部表示法解决问题 根据性别、人种和头发颜色等区分自己和他人		
25—36 个月		
有目的性地使用物品 活动时与人私下进行沟通 一维式区分物品,例如区分小车与积木 遵照二步式指令行动 对自己选择的活动花更多时间,注意力更集中 读书时自然辨别指物 与其他孩子玩假想游戏 在数一套物品时,获得初步的数字概念 开始培养相对概念,如大小、高矮和里外 开始发展时间概念,如今天、明天和昨天		
其余生理发育观察记录		

＊成长评估表中所列不同特性的出现时间仅是平均状况。因为每个儿童的差异性,这些特征的出现会有早晚。

社交能力	观察所得	
出生到 3 个月	日期	评论
把头转向说话的声音 认出基础护理人员 与养育者建立联系 乐于看到人脸 会对人微笑示好 听到抚慰的声音会安静下来 开始能区分自己与养育者		
4—6 个月		
通过哭泣、咿呀声或微笑找成年人玩耍 对熟悉的面孔作出全身反应,如盯着人看、微笑、蹬腿和挥动胳膊 主动与他人互动,当成年人说话时,发音回答 朝熟悉的面孔微笑,对陌生人报以严肃的目光 能区分熟悉或陌生的人与环境		

社交能力	观察所得	
	日期	评论
7—9 个月		
与喜爱的成年人分离时感到难过 通过纠缠或哭泣,努力将喜爱的成年人留在身边 将成年人作为自己探索的后备力量,是这一时期的典型行为 当别人显得难过时,能够注意到 喜爱观察并与其他孩子简单互动 喜爱并响应一些游戏,比如拍手和捉迷藏 独自玩耍 对某些人或物产生偏爱 出现陌生人时感到不快		
10—12 个月		
对一到两个养育者特别偏爱 与其他孩子平行游戏 喜欢和兄弟姐妹一起玩 开始表达自己 开始培养幽默感 通过认识身体各部位而培养自我认知 开始区别男孩和女孩		
13—18 个月		
希望引起注意 模仿他人的行为 对自身的存在感不断加强 除亲密养育者以外,愿意与他人亲近 表明对某物的所有权 能独立完成一项任务时,独立自主的意识开始发展		
19—24 个月		
喜爱他人的陪伴 仅仅从自我的角度去观察世界 可以自得其乐地玩耍,或在成年人身边玩耍 参与功能性游戏 保护自己的所有物 在照片或镜中认出自己 可以用"我"来指代自己 通过外表的显著特征来认人,包括人种或发色 对陌生人的害怕程度降低		
25—36 个月		
观察他人如何做事 独自玩耍或与他人平行游戏 有时候会把自己的玩具给其他孩子 开始与其他孩子合作玩耍 参与社会角色扮演游戏 想独立完成一件事 越来越多地用"不"来表明自己的独立		

社交能力	观察所得
25—36 个月	
发展初步认知,即他人的愿望或感受和自己的可能不同 对父母、养育者和看护者发号施令 较少用具体行为,更多用语言来解决问题 出现性别特征明显的行为	
其余生理发育观察记录	

* 成长评估表中所列不同特性的出现时间仅是平均状况。因为每个儿童的差异性,这些特征的出现会有早晚。

情商培养	观察所得	
出生到 3 个月	日期	评论
能感受并表达三大基本情绪:兴趣、沮丧和厌恶 用哭泣来表示需求 被拥抱时会安静下来 感受并表达快乐的情绪 会对人微笑示好 感受并表达快乐的情绪 对人报以微笑 阅读并辨别成人的面部表情 开始能自我控制情绪 大声笑 会使用一些自我安慰的技巧,如吮吸大拇指或橡皮奶嘴		
4—6 个月		
表达快乐 回应养育者的情绪 开始分辨熟悉与不熟悉的人 当一个熟悉的人抱起自己,表示偏爱 帮忙扶住一个奶瓶 用不同的方式表达快乐,对着熟悉的人微笑或者大笑		
7—9 个月		
使用面部表情、眼神、声音和姿势对周围的事情表达出自己的情绪 更经常地表现出恐惧和愤怒 通过经验来控制自己的情绪 通过他人的情绪来觉察他人的意图 看向别人以获取暗示,自己应该如何行动 害怕陌生人		

情商培养	观察所得	
	日期	评论
10—12 个月		
继续展示快乐、愉悦、不适、生气和悲伤等情绪 当愿望受阻的时候表达气愤 对令人沮丧的事情表示愤怒 开始愿意顺从养育者的要求 对游戏被迫中止通常很介意 开始用一把调羹吃饭 脱穿衣服时协助配合 对动物、娃娃玩具有充满爱心的举动 可以自己用手吃完一餐饭（食物可用手拿） 成功完成一项任务时自己拍手祝贺		
13—18 个月		
经常说"不"，以显示自己的独立性 能辨别几种情绪 将行为和情绪联系起来 开始理解复杂的行为模式 能够通过沟通来表达需求 对想要的东西也可能说"不" 可能失去控制，发脾气 有自我意识的情绪，如羞耻、负罪感和害羞 很容易受挫		
19—24 个月		
自然地对他人表示亲善 用行动去安慰别人 显示如骄傲和尴尬等情绪 在对话和游戏中自然使用情绪化的词 开始对别的孩子和成人表示同情 很容易因批评而受伤 因目标受阻，有时会发脾气 能将面部表情和简单的情绪定义联系起来		
25—36 个月		
开始越来越多地感到害怕 开始能意识到一些基本情绪的后果 学会应对强烈情绪的技巧 学习用更精确的词来与人沟通情绪 显示共鸣与关心的迹象 会失去情绪控制，发脾气 会在发脾气后恢复过来 愿意帮忙收拾玩具、拿杂物袋 开始能在准备大小便前给人提示 期待每日惯例的发生		
其余生理发育观察记录		

* 成长评估表中所列不同特性的出现时间仅是平均状况。因为每个儿童的差异性，这些特征的出现会有早晚。

宝宝趣事录

趣事录样本

宝宝名字：Reyshawn	出生日期：5 月 13 日
记录员名字：Chris	记录日期：3 月 31 日

观察记录：

在换尿布的时候，Reyshawn 拿起干净的尿布，挡住自己的脸。然后又拿开尿布，并开始微笑、大笑。

观察解读：

Reyshawn 正在主动要求玩一个我们近来最喜欢玩的游戏。他开始展示自己在语言、沟通和社交技巧方面的进步。

趣事录样本

宝宝名字：_____	出生日期：_____
记录员名字：_____	记录日期：_____

观察记录：

观察解读：

追踪记录样本

宝宝名字:＿＿＿＿＿＿＿＿＿＿＿＿＿＿＿＿＿＿

出生日期:＿＿＿＿＿＿＿＿＿＿＿＿＿＿＿＿

地点:＿＿＿＿＿＿＿＿＿＿＿＿＿＿＿＿

日期与时间:＿＿＿＿＿＿＿＿＿＿＿＿＿＿＿

记录员:＿＿＿＿＿＿＿＿＿＿＿＿＿＿＿＿

行为观察记录:　　　　　　　　　　　　　观察记录解读:

追踪记录样本

宝宝名字：Christina R.
出生日期：1996 年 10 月 2 日
地点：室内，吃点心前后
日期与时间：2012 年 3 月 2 日，2:00—2:25 pm
记录员：Jane U.

行为观察记录：

Christina 正在玩一辆玩具卡车。她说："凯迪，这能给我吗？"这个问题她重复了两次，直到一位老师回答："不行，玩具是给学校里所有小朋友玩的。"她把卡车放回地上，走到架子处。然后她拿起一把吉他，绕着房间边走边弹，并看着别的孩子。老师说："吃点心时间到了。Christina，来洗手。"Christina 对身边的男孩说："吃点心时间到了。"然后走到桌边坐下。

Christina 蜷身坐在一个男孩和一个女孩中间。她用兴奋的声音说："看，香蕉！"一边向盘子伸出手去，拿走了两根香蕉。老师说："一次一根香蕉。如果你吃了一根，可以再拿一根。"Christina 用右手的大拇指和食指把香蕉剥皮。她把整个香蕉塞进嘴里，又伸手拿第二根香蕉。老师说："把香蕉嚼烂，可不能噎到自己。坐着嚼，谢谢。"Christina 笑了，然后拿了第二根香蕉，像先前一样剥皮。她咬了一大口，一次就吃掉了一半。然后用两只手捧起牛奶杯，喝了一大口，大声打了个饱嗝，老师说："这次原谅你。"Christina 离开了桌子，把没有吃完的半根香蕉丢进了垃圾桶。她用老师给她的毛巾——擦干净每根手指，然后擦了脸。她双腿有点僵直地走到教室的另一头去了。

观察记录解读：

在考虑所有权问题

社交行为的发展：帮助同班同学进入每日的例行环节。
她没有洗手，而老师没发现！

她接受了规定，继续吃点心。
剥香蕉的小动作十分纯熟。
她看上去很饿，上次吃东西是什么时候？

接受了老师的建议，看起来很愉快。
在整个过程学会了礼貌。不过没有自己再道歉。
很好的自理能力。
总是动个不停！

小组活动记录

小组活动记录是一种展示集体活动的双重记录。它一方面记录的是一组孩子的学习情况；同时必须突出不同的孩子和他们的作品。为了便于阅读，记录者应该字体整洁或使用打字机。然后把所有以下单子列出的事项粘贴在泡沫板、海报板或灯笼板上。

◇ 活动题目

◇ 孩子在与材料或同龄人互动时，确切的话语和用词。

◇ 记录下孩子思考痕迹的具体作品，如绘画、书写文字或孩子做雕塑、戏剧表演时的照片。

◇ 详细的文字记录，突出并解释孩子在学习互动过程中发生的事。

为了达到与他人沟通的目的，此记录应该展示在显著的位置。邀请大家一起来看，并讨论孩子们的作品。请孩子们作为观众品评自己的作品是一种促进语言、认知和社交发展的好方法。同样的，根据这次活动的经验设计以后的活动。

小组活动设计的其他建议，请参考：

Gandini，L.，& Pope Edwards，C.（Eds.）2001. Bambini：*The Italian approach to infant/toddler care*. New York：Teachers College Press.

Helm，J. H.，Beneke，S.，& Steinheimer，K. 1998：*Windows on learning*：*Documenting young children's work*. New York：Teachers College Press.

Pope Edwards，C.，Gandini，L.，& Forman，G.（Eds.）1993：*The hundred languages of children*. Norwood，NJ：Ablex

课程计划

姓名：_____ 日期：_____

发展领域：_____

幼儿发展目标：

材料：

准备：

辅助技巧：

幼儿日常沟通：
家庭反馈

宝宝姓名：_____ 双亲姓名：_____

日期：_____ 入园时间：_____ 离家时间：_____

父母必填内容：

幼儿表现： （ ）正常

（ ）有些不高兴

（ ）异于平常

幼儿睡眠： （ ）安稳熟睡

（ ）醒过几次

（ ）没睡好

幼儿饮食： （ ）入园前吃过正餐

（ ）入园前喂过奶

（ ）入园前吃过点心

（ ）没吃过东西

换尿布： （ ）大便 时间：

（ ）小便 时间：

今日特别要求：

_____

_____

_____

_____

父母签字：

保育员签字：

幼儿日常沟通：
园方反馈 一

日期：＿＿＿＿＿＿＿＿　入园时间：＿＿＿＿＿＿＿＿＿＿＿
是否读过家庭反馈：＿＿＿＿＿＿＿＿＿＿＿＿＿＿＿＿

园方填写：

幼儿睡眠：入睡＿＿＿＿＿＿　醒来＿＿＿＿＿＿

　　　　　入睡＿＿＿＿＿＿　醒来＿＿＿＿＿＿

幼儿饮食：时间＿＿＿＿＿　品种＿＿＿＿＿　量＿＿＿＿＿

　　　　　时间＿＿＿＿＿　品种＿＿＿＿＿　量＿＿＿＿＿

　　　　　时间＿＿＿＿＿　品种＿＿＿＿＿　量＿＿＿＿＿

换尿布：　时间＿＿＿＿＿　小便＿＿＿＿＿　大便＿＿＿＿＿

　　　　　时间＿＿＿＿＿　小便＿＿＿＿＿　大便＿＿＿＿＿

　　　　　时间＿＿＿＿＿　小便＿＿＿＿＿　大便＿＿＿＿＿

互动／活动：（描述成年人与孩子的互动，发展目标以及吸引孩子兴趣的活动）

＿＿

＿＿

＿＿

对父母的提醒：

＿＿

＿＿

＿＿

保育员签名：

父母签名：

我们需要：　（　　）尿布　　　　（　　）抹布　　　（　　）代乳品　　　（　　）婴儿食品

　　　　　　（　　）更换的衣服　（　　）毯子　　（　　）其余物品＿＿＿＿＿＿

幼儿日常沟通：
园方反馈 二

日期：_____ 入园时间：_____
是否读过家庭反馈：_____

互动／活动：（描述成年人与孩子的互动，发展目标以及吸引孩子兴趣的活动）

_____
_____
_____

早餐：

( )吃得很好　　　 ( )吃了一点　　　 ( )今天不饿_____
午餐：

( )吃得很好　　　 ( )吃了一点　　　 ( )今天不饿_____
午睡：

( )睡过　　　 ( )安静地休息_____
如厕：

( )只换了尿布　　 ( )坐过便盆　　 ( )上厕所

( )大便时间_____　　　　　　 ( )小便时间_____

对父母的提醒：

_____
_____

保育员签名：

父母签名：

我们需要：( )尿布/内裤　　 ( )更换的衣服

　　　　　 ( )毯子　　　 ( )其余物品_____

图书在版编目(CIP)数据

美国早教创意课程.1～2岁/(美)赫尔,(美)斯文著;李颖妮译.—上海:华东师范大学出版社,2013.6
ISBN 978 - 7 - 5675 - 0839 - 2

Ⅰ.①美… Ⅱ.①赫…②斯…③李… Ⅲ.①学前教育－教学参考资料 Ⅳ.①G613

中国版本图书馆 CIP 数据核字(2013)第 128120 号

美国早教创意课程(1—2岁)

著 者 〔美〕朱迪·赫尔 〔美〕特丽·斯文
译 者 李颖妮
组稿编辑 谢少卿
项目编辑 谢少卿 曹雪梅
审读编辑 朱妙津
责任校对 王 卫
装帧设计 卢晓红

出版发行 华东师范大学出版社
社 址 上海市中山北路 3663 号 邮编 200062
网 址 www.ecnupress.com.cn
电 话 021 - 60821666 行政传真 021 - 62572105
客服电话 021 - 62865537 门市(邮购)电话 021 - 62869887
地 址 上海市中山北路 3663 号华东师范大学校内先锋路口
网 店 http://hdsdcbs.tmall.com

印 刷 者 苏州工业园区美柯乐制版印务有限责任公司
开 本 890×1240 16 开
印 张 14
字 数 275 千字
版 次 2014 年 8 月第 1 版
印 次 2018 年 8 月第 2 次
书 号 ISBN 978 - 7 - 5675 - 0839 - 2/G·6578
定 价 38.00 元

出 版 人 王 焰

(如发现本版图书有印订质量问题,请寄回本社客服中心调换或电话 021 - 62865537 联系)